国家出版基金项目
NATIONAL PUBLICATION FOUNDATION

国家出版基金资助项目
中宣部2018年主题出版重点出版物
“中华民族伟大复兴中国梦”系列丛书

ZHONGGUO TESE SHEHUI ZHUYI ZHIDU

中国特色社会主义制度

丛书主编：郑德荣　李　蓉　孔德生

孔德生　李　娟　庄丽娜／著

吉林出版集团股份有限公司
全国百佳图书出版单位

图书在版编目（CIP）数据

中国特色社会主义制度 / 孔德生，李娟，庄丽娜著.-- 长春：吉林出版集团股份有限公司，2018.12（2019.11重印）
（中华民族伟大复兴中国梦系列丛书 / 郑德荣，李蓉，孔德生主编）

ISBN 978-7-5581-6057-8

Ⅰ.①中… Ⅱ.①孔… ②李… ③庄… Ⅲ.①中国特色社会主义—社会主义制度—研究 Ⅳ.①D621

中国版本图书馆CIP数据核字（2018）第296234号

中国特色社会主义制度
ZHONGGUO TESE SHEHUI ZHUYI ZHIDU

总 策 划：姚玉和　杨学忠
策　　划：周海英　耿　宏　刘文辉
丛书主编：郑德荣　李　蓉　孔德生
本册著者：孔德生　李　娟　庄丽娜
责任编辑：宫志伟　陈　曲
责任校对：崔博华　矫黎晗　金　昊
装帧设计：长春金鼎设计印务有限公司
技术编辑：傅广岩　张　帅　刘美丽　李　鑫
出　　版：吉林出版集团股份有限公司
发　　行：吉林出版集团社科图书有限公司
电　　话：0431-81629712
印　　刷：长春新华印刷集团有限公司
开　　本：710mm × 1000mm　1/16
字　　数：200千字
印　　张：15
版　　次：2018年12月第1版
印　　次：2019年11月第2次印刷
书　　号：ISBN 978-7-5581-6057-8
定　　价：35.00元

目　录

引　言
中国特色社会主义制度相关问题概论

中国特色社会主义制度是中国共产党领导人民在革命和建设过程中逐渐形成和发展起来的，但“中国特色社会主义制度”的概念是胡锦涛在2011年纪念中国共产党成立90周年时首次提出的。中国特色社会主义制度概念的明确提出是新世纪新阶段马克思主义中国化的重要理论创新，是中国共产党多年来领导人民奋斗、创造、积累的重要成果。中国共产党领导中国人民进行新民主主义革命和社会主义革命，革命过程本身就是推进马克思主义中国化的过程。在此过程中马克思主义中国化实现了两次飞跃，第一次飞跃的成果是开辟了中国特色革命道路、形成了毛泽东思想和建立了社会主义基本制度；第二次飞跃的成果是在改革的探索过程中党领导人民开辟了中国特色社会主义道路，党领导人民总结改革经验教训形成了中国特色社会主义理论体系，党领导人民探索制度以保障改革成果而确立了中国特色社会主义制度。中国特色社会主义制度是毛泽东时代所形成的社会主义基本制度的发展和完善。毛泽东是中国社会主义基本制度的奠基人，以毛泽东为代表的共产党人在领导中国人民进行革命和建设、在实现中华民族伟大复兴的征程中，逐步建立起来的社会主义制度具有中国特色，这是以毛泽东为代表的中国共产党人的自觉追求。毛泽东在建立社会主义基本制度的过程中付出了努力，为形成、发展和完善中国特色社会主义制度提供了宝贵的经验。党的十一届三中全会以来，中国改革开放和社会主义现代化建设进入新阶段。作为新一代领导核心，邓小平首度开创了中国特色社会主义这一全新主题，中国人民经过四十年的改革开放，逐渐建成了以中国特色社会主义道路为方向、以中国特色社会主义理论体系为旗帜、以中国特色社会主义制度为保障、以中国特色社会主义文化为精神力量的充满活力的社会主义现代化国家。

一、中国特色社会主义制度的科学内涵

邓小平早在20世纪70年代就提出过具有中国特色的社会主义制度这一概念。由于改革开放和现代化建设刚刚开始，因此，“具有中国特色的社会主义制度”这一概念并没有能够引起学术界和理论界的足够重视，也很少有从制度层面分析和研究中国特色社会主义的学术理论诞生。经过几十年的发展，中国的改革领域逐渐深化，随着中国的发展进步，越来越多的国内外学者开始从制度视角分析当代中国发展进步的因素。明晰中国特色社会主义制度的内涵，是深入分析和研究中国特色社会主义制度的一个基本前提。

胡锦涛在庆祝中国共产党成立90周年大会上的讲话中首次明确提出中国特色社会主义制度的概念，他指出：“经过90年的奋斗、创造、积累，党和人民必须倍加珍惜、长期坚持、不断发展的成就是：开辟了中国特色社会主义道路，形成了中国特色社会主义理论体系，确立了中国特色社会主义制度。”[①]胡锦涛把中国特色社会主义制度作为中国改革探索的成果

①胡锦涛：《在庆祝中国共产党成立90周年大会上的讲话》，人民出版社，2011，第7页。

展现给世界的同时，又对中国特色社会主义制度的概念进行了科学的界定，胡锦涛指出“中国特色社会主义制度，是当代中国发展进步的根本制度保障，集中体现了中国特色社会主义的特点和优势。我们推进社会主义制度自我完善和发展，在经济、政治、文化、社会等各个领域形成一套相互衔接、相互联系的制度体系”①。中国特色社会主义制度不是抽象的，不是笼统的，而是具体的，是在经济、政治、文化、社会等各个领域形成的一整套相互衔接、相互联系的制度体系。具体而言，由中国特色社会主义根本政治制度、基本政治制度、法律体系、基本经济制度以及在此基础上的经济体制、政治体制、文化体制、社会体制等各项具体制度组成。胡锦涛的讲话是对中国特色社会主义认识的进一步深化，也是我们党对世界社会主义发展的重大贡献。胡锦涛在庆祝中国共产党成立90周年大会上明确提出：“中国特色社会主义制度，是当代中国发展进步的根本制度保障，集中体现了中国特色社会主义的特点和优势。”②

对中国特色社会主义制度的科学内涵可以从以下几个领域深入分析：

在政治领域，人民代表大会制度是我国的根本政治制度，中国共产党领导的多党合作和政治协商制度、民族区域自治制度以及基层群众自治制度等是我国的基本政治制度。而且，中国特色社会主义法律体系是中国特色社会主义创新实践的法制体现。

人民代表大会制度是我国的根本政治制度，是我国的政体。近代的中国对于建立什么样的政治制度和政权组织形式有过长期争论和激烈斗争。中国共产党拯救民族于危难之时，而且不管在什么时候，都紧紧依靠人民。因而，在新民主主义革命取得胜利后就确定新中国的国体是人民民主

①胡锦涛：《在庆祝中国共产党成立90周年大会上的讲话》，人民出版社，2011，第8页。
②胡锦涛：《在庆祝中国共产党成立90周年大会上的讲话》，人民出版社，2011，第8页。

专政，政体是人民代表大会制度。人民代表大会制度从1954年正式建立以后，得到了不断完善和发展，特别是改革开放以来，人民代表大会制度建设不断加强，人民代表大会发挥了越来越大的作用，人民民主在更大范围和更深层次上得以体现。

中国共产党领导的多党合作和政治协商制度，是我国的一项基本政治制度，是在长期的革命斗争和社会主义建设中形成和发展起来的符合中国国情的社会主义政党制度，这一制度选择与制度设计是马克思主义政党理论和统一战线学说的必然要求，也是中国革命和建设的必然产物。中国共产党与各民主党派合作的基本方针是“长期共存、互相监督、肝胆相照、荣辱与共”。中国人民政治协商会议是中国共产党领导的多党合作和政治协商的重要机构，也是中国政治生活中发扬民主、达成共识、凝聚力量的重要形式。在构建社会主义和谐社会的进程中，多党合作与政治协商已经并将继续发挥重要作用。

民族区域自治作为解决国内民族问题的创举，是国家的一项基本政治制度。民族区域自治的核心，是保障少数民族当家作主，管理本民族、本地方事务的权利。实行这种制度，体现了我国坚持实行各民族平等、团结、合作和共同繁荣的原则。实践证明，民族区域自治制度把民族因素与区域相结合，把政治因素与经济因素相结合，促进了新型社会主义民族关系的确立和发展，有利于维护民族团结、社会稳定、国家统一。

基层民主制度是社会主义民主制度的重要组成部分，基层民主制度建设是社会主义民主法制建设和社会主义政治体制改革的一项重要内容，是社会主义现代化建设的一个重要环节和重要保证。改革开放以来，随着中国社会政治发展，全国各地城乡基层民主不断扩大，民主的实现形式日益丰富。目前，中国已经建立了以农村村民委员会、城市居民委员会和企业职工代表大会为主要内容的基层民主自治体系，让广大人民群众享有广泛的管理国家事务和社会事务的民主权利。

建设中国特色社会主义法制体系。依法治国，是建设中国特色社会主义的重要目标。新中国成立以来，特别是改革开放40年来，我国法制建设取得了重大成就。党的十八届四中全会通过的《关于全面推进依法治国若干重大问题的决定》提出，全面推进依法治国要形成五个体系。党的十九大总结了过去五年的工作和历史性变革，提出"习近平新时代中国特色社会主义思想"，明确新时代中国共产党的历史使命。进入了新时代，中国特色社会主义法治体系的五大子体系将承担新的任务。一是完备的法律规范体系。依法立法是立法必须坚持的基本原则之一。首先要依宪立法；其次要贯彻党的方针政策，使党的主张和人民意志通过法定程序统一起来；再次要规范立法，促进立法内在协调。二是高效的法治实施体系。包括加强宪法实施，推进合宪性审查工作，维护宪法权威，推进依法行政，严格规范公正文明执法，加大普法力度，建设社会主义法治文化，树立宪法法律至上、法律面前人人平等的法律理念。三是严密的法治监督体系。法治监督体系的重心是加强对公权力的监督。行政权力具有管理事务领域宽、自由裁量权大等特点，法治监督的重点之一就是规范和约束行政权力。为了确保国家监察全覆盖落到实处，十九大报告要求深化监察体制改革，成立监察委员会，制定国家监察法，实现对所有行使公权力的公职人员监察全覆盖。"国家监察委员会就是中国特色的国家反腐败机构，国家监察法就是反腐败国家立法。"四是有力的法治保障体系。十九大报告特别强调："党政军民学，东西南北中，党是领导一切的。"党的十九大提出成立中央全面依法治国领导小组，以此来加强党对法治建设的统一领导。中央全面依法治国领导小组是对未来全面依法治国最大的组织保障。新时代在法治建设的各个方面、各个环节，都要以中央全面依法治国领导小组的顶层设计为依据。五是完善的党内法规制度体系。十九大修订了《中国共产党章程》，加上十八大以来对一系列党内重要法规诸如《关于新形势下党内政治生活的若干准则》《中国共产党党内监督条例》《中国共产党问责条例》《中国共产党廉洁自律准则》《中国共产党纪律处分条例》等的制定完善，使党的政治建设、思想建设、组织建设、作风建设、纪律建设和反腐败斗争在制度层面得以进一步落实。可以说，一个以多个法律部门的法律为主干，由多个层次的法律规范构成的中国特色社会主义法律体系已经形成，它立足于中国国情，适应社会主义现代化建设需要，集中体现了党和人民的意志。这是我国社会主义民主法制建设史上的重要里程碑。

在经济领域，我国实行了以公有制为主体、多种所有制经济共同发展的基本经济制度，确立了按劳分配为主体、多种分配方式并存的收入分配制度。同时，为有效发挥社会主义经济制度的优越性，我国还不断改革完善社会主义经济体制，建立了社会主义市场经济体制，这些都为解放和发展社会生产力，增强综合国力，维护和促进社会公平正义，实现全体人民共同富裕，提供了坚实的经济制度支撑体系。改革开放以来，我国的所有制结构发生了巨大的变化，各种所有制经济在市场竞争中发挥各自优势，相互促进，共同发展。

我国的基本经济制度决定了与此相联系的个人收入分配实行的是按劳分配为主体、多种分配方式并存的分配制度。按劳分配是社会主义的分配原则，在社会主义初级阶段，多种分配方式并存是收入分配制度的一大特点。按劳分配以外的多种分配方式，其实质就是按对生产要素的占有状况进行分配。实行按劳分配和按生产要素分配结合的分配制度，有利于优化资源配置，促进经济发展，有利于最广泛最充分地调动一切积极因素。

在文化领域，坚定文化自信，推动社会主义文化繁荣兴盛，坚持走中国特色社会主义文化发展道路，建设社会主义文化强国。党的十九大报告中指出，发展中国特色社会主义文化，就是以马克思主义为指导，坚守中华文化立场，立足当代中国现实，结合当今时代条件，发展面向现代化、面向世界、面向未来的，民族的科学的大众的社会主义文化，推动社会主义精神文明和物质文明协调发展。一是牢牢掌握意识形态工作领导权。推进马克思主义中国化时代化大众化，建设具有强大凝聚力和引领力的社会主义意识形态，使全体人民在理想信念、价值理念、道德观念上紧紧团结在一起。二是培育和践行社会主义核心价值观。要以培养担当民族复兴大任的时代新人为着眼点，强化教育引导、实践养成、制度保障，发挥社会主义核心价值观对国民教育、精神文明创建、精神文化产品创作生产传播的引领作用，把社会主义核心价值观融入社会发展各方面，转化为人们的情感认同和行为习惯。三是加强思想道德建设。广泛开展理想信念教育，深化中国特色社会主义和中国梦宣传教育，深入实施公民道德建设工程，加强和改进思想政治工作，深化群众性精神文明创建活动。推进诚信建设和志愿服务制度化，强化社会责任意识、规则意识、奉献意识。四是繁荣发展社会主义文艺。社会主义文艺是人民的文艺，必须坚持以人民为中心的创作导向，在深入生活、扎根人民中进行无愧于时代的文艺创造。要繁荣文艺创作，发扬学术民主、艺术民主，提升文艺原创力，推动文艺创新。倡导讲品位、讲格调、讲责任，抵制低俗、庸俗、媚俗。加强文艺队伍建设，造就一大批德艺双馨的名家大师，培育一大批高水平创作人才。五是推动文化事业和文化产业发展。深化文化体制改革，完善文化管理体制，加快构建把社会效益放在首位、社会效益和经济效益相统一的体制机制。完善公共文化服务体系，深入实施文化惠民工程，健全现代文化产业体系和市场体系，广泛开展全民健身活动，加强中外人文交流，推进国际传播能力建设，提高国家文化软实力。

在社会领域，我们党在长期实践中不断探索和发展了中国特色社会主义的社会建设理论，着力凸显社会和谐这一中国特色社会主义的本质属性。十六大以来，党对社会和谐的认识不断深化，明确了构建社会主义和谐社会在中国特色社会主义事业总体布局中的地位。党的十七大提出，要加快推进以改善民生为重点的社会建设。党的十八大报告，对推进中国特色社会主义事业作出“五位一体”总体布局，其中，在社会建设方面，要以保障和改善民生为重点，多谋民生之利，多解民生之忧，加快健全基本公共服务体系，加强和创新社会管理，推动和谐社会建设。党的十九大报告，确立了以人民为中心的发展思想，使社会保障体系建设的追求目标更加清晰，而党的十九大报告中提出的城乡居民在就业、教育、医疗、居住、养老等方面遭遇的民生“五难”，则是政府必须妥善应对的现实挑战，也是社会保障体系建设的重要着力点。胡锦涛在庆祝中国共产党成立90周年大会上的讲话中强调，推进社会建设，要以保障和改善民生为重点，着力解决好人民最关心最直接最现实的利益问题。要坚持发展为了人民、发展依靠人民、发展成果由人民共享，完善保障和改善民生的制度安排，把促进就业放在经济社会发展优先位置，加快发展教育、社会保障、医药卫生、保障性住房等各项社会事业，推进基本公共服务均等化，加大收入分配调节力度，坚定不移走共同富裕道路，努力使全体人民学有所教、劳有所得、病有所医、老有所养、住有所居。这是全党和全体中国人民的奋斗目标，也是中国特色社会主义制度先进性的必然要求。

中国特色社会主义制度已经确立。然而，随着国内外形势的深刻变化，各种严峻的挑战会接踵而来，因此，我们在坚持和巩固中国特色社会主义制度的前提下，要不断推进重要领域和关键环境的改革，继续推进经济体制、政治体制、文化体制、社会体制的改革创新，进而推进中国特色社会主义制度的自我完善和发展。

中国特色社会主义道路、中国特色社会主义理论体系、中国特色社会主义制度，是党和人民90多年奋斗、创造、积累的根本成就，必须倍加珍惜、始终坚持、不断发展。面对风云变幻的国际形势，面对艰巨繁重的国内改革发展稳定任务，我们党要团结带领人民继续前进，夺取全面建成小康社会新胜利，并进而实现社会主义现代化和中华民族的伟大复兴，最根本的就是要高举中国特色社会主义伟大旗帜，坚持和拓展中国特色社会主义道路，坚持和丰富中国特色社会主义理论体系，坚持和完善中国特色社会主义制度。

二、中国特色社会主义制度的逻辑分析

中国特色社会主义制度是一个由多元的彼此关联且相互作用的子系统构成，既表现为横向的逻辑结构（经济制度基础体系、政治上层建筑制度系统、文化制度系统、社会制度运行系统、生态制度系统），又体现为纵向的逻辑层次（制度、体制、机制）。本部分从逻辑结构与逻辑层次的视阈对中国特色社会主义制度进行深入分析。

（一）中国特色社会主义制度的逻辑结构

1. 中国特色社会主义制度在结构上的特点

中国特色社会主义制度是理性的制度实践和逐步完善创新的统一。它是中国共产党在历经新民主主义革命、社会主义革命及改革开放不同历史

阶段中逐步建立和完善起来的马克思主义中国化的伟大智慧结晶。在结构上具有以下特点：

第一，整体性。整体性是中国特色社会主义制度的内在要求和基本特征。整体性体现为系统整体性以及逻辑与历史相统一的整体性。系统整体性表现为中国特色社会主义制度是由政治、经济、文化、社会等要素构成的一个有机系统，系统中的各要素之间相互作用、相生相长。各要素在发挥各自功能的同时又成为彼此发展的条件。逻辑与历史相统一的整体性体现为社会发展是人类全面生产构成的系统整体，政治体制、经济体制、文化体制和社会体制的发展具有整体性。

第二，协调性。中国特色社会主义制度作为一个系统，其内部各子系统之间又是辩证统一的关系。中国特色社会主义制度是在牢牢把握“变与不变”的辩证关系前提下，不断促进以“政治、经济、社会、生态、文化”为核心的“五位一体”总体战略要素间的良性互动为基础实现自我革新与自我优化。

第三，实践性。马克思科学社会主义指出，社会主义运动需要立足于“现实的基础上”，并以“当时的历史条件为转移”。这正是中国特色社会主义制度实践性的最好表述。作为新生事物的中国特色社会主义制度是科学社会主义原则与中国实际相结合的自我完善和发展的产物，是不断从反思、纠错到改革、创新以及不断趋于完善的系统性过程。习近平总书记在学习贯彻党的十九大精神研讨班开班式上发表重要讲话时指出，“只有回看走过的路、比较别人的路、远眺前行的路，弄清楚我们从哪儿来、往哪儿去，很多问题才能看得深、把得准”[1]，恰恰是中国特色社会主义制

①人民日报社评论部：《论学习贯彻习近平总书记“1・5”重要讲话》，人民出版社，2018，第2页。

度在理论创新与实践突破的准确表述。拘泥于解决问题和应对问题的制度构建会导致制度的滞后，也是违背实践要求的，制度体系的设计与构建既需要实事求是，尊重事实，又要把握规律，有一定的前瞻性，做到高瞻远瞩。

2. 中国特色社会主义制度的逻辑结构

中国特色社会主义制度从横向逻辑结构视域看，包括经济基础制度体系（基本经济制度、经济体制）、政治上层建筑制度系统（根本政治制度、基本政治制度、中国特色社会主义法律体系）、文化制度系统、社会运行制度系统与生态制度系统。中国特色社会主义制度是以要素结构与横向结构为关键保障的。其中经济基础制度系统是规范社会物质生产活动及公民行为关系的规则系统；政治上层建筑制度系统是我国国家治理制度体系创新的核心；文化制度系统是调节规范思想文化再生产的规则系统；社会主义制度运行系统能够动态地调整我国生产关系与社会资源间的科学分配，并借助体制机制创新来化解经济社会发展所面临的主要矛盾；生态制度系统凸显“以人民为中心”与“尊重自然”价值观的内在统一。

第一，政治上层建筑制度系统是实现社会主义价值目标的制度保证，起着规范方向的作用。现代政治制度主要包括根本政治制度（人民代表大会制度）和基本政治制度（民族区域自治制度、基层群众自治制度及中国共产党所领导的多党合作和政治协商制度）。根本政治制度和基本政治制度所确定的政治民主逻辑，是当前我国政治、经济、文化、社会发展的根本制度支撑，规定着我国发展道路的社会主义方向。人民代表大会制度是中国特色社会主义最为根本的政治制度。正如习近平总书记在“7·26”重要讲话中指出，人民代表大会制度是科学社会主义原则与中国国情相结合后在“时、度、效”三维中的具体表现。人民代表大会制度遵循“一切权力属于人民”原则，是科学社会主义原则与中国现实国情相结合的现实产物，是社会主义价值的实现路径。基本政治制度规定了我国社会主义政治民主建设的基本原则，明确了中国共产党的领导核心地位，确定了我国政治发展的社会主义方向和我国社会主义道路的选择。具有中国政治制度特色的政治协商、民族区域自治和基层群众自治制度实现了社会各界、民主党派参政议政的权利；既维护了国家主权统一，又保障了少数民族管理本民族地区事务的权利，有助于把国家的方针政策和少数民族地区的具体特点结合起来，做到因民族制宜，因地区制宜，从而有利于民族自治地区经济和社会各项事业的发展；广泛深入的基层群众自治制度的创新，保障了最广泛的人民群众的参与权利，直接反映了人民群众的利益诉求，保障了符合我国政治现实的民主路径。

第二，中国特色社会主义基本经济制度，是巩固和加强社会主义的经济基础。中国特色社会主义基本经济制度是一种新的制度形态，即同资本主义的基本经济制度有着本质的不同，也同传统的计划经济时代的社会主义公有制存在重大区别。我国基本的经济制度中“以公有制为主体”与“多种所有制经济共同发展”之间是相互依存、相互促进、不可分割、不可替代的矛盾统一关系，二者共同构成基本经济制度的核心内涵，统一于社会主义现代化进程中。习近平在参加全国政协十二届四次会议民建、工商联界委员联组会时指出，“实行公有制为主体、多种所有制经济共同发展的基本经济制度，是中国共产党确立的一项大政方针，是中国特色社会主义制度的重要组成部分，也是完善社会主义市场经济体制的必然要求”①。我国基本经济制度创新了社会主义所有制机构理论，指出社会

①中国人民政治协商会议全国委员会办公厅编《中国人民政治协商会议第十二届全国委员会第四次会议文件》，人民出版社，2016，第2页。

主义所有制不应该是单一的公有制结构，而是以公有制为主体，个体、私营、外资、混合等各种所有制经济共同发展的、动态的、多层次的所有制结构；创新了公有制理论，扩展了公有制经济的含义，界定了公有制为主体的主要特征；创新了非公有制经济理论；创新了基本经济制度上的市场经济体制；实现按劳分配与按要素分配的有机结合，实现了公平与效率的有机统一。

第三，社会运行制度系统是基本制度实现的具体形式，能够动态地调整我国社会科学发展。建立在政治制度、经济制度基础上的政治体制、经济体制、文化体制、社会体制是制度体制实现的具体形式。其中，政治体制和经济体制具有鲜明的文本表达和现实的规范性，与基本的政治、经济制度的作用遥相呼应。基于文化制度、社会制度规定性具有隐而不现的特点，更接近非正式的习俗、惯例，虽功能的自主性空间更大，但其制度约束性表达有一定的限度，因此称为文化体制、社会体制。毛泽东指出：“一定的文化（当作观念形态的文化）是一定社会的政治和经济的反映，又给予伟大影响和作用于一定社会的政治和经济。”[①] 文化体制是经济社会发展的重要支撑，是国家综合实力的重要影响因素；在引导人民树立和坚持正确的价值观、巩固党的执政地位、捍卫文化安全方面起重要作用；中国文化的繁荣发展能促进中华民族伟大复兴中国梦的实现。社会体制受基本经济制度、一定历史时期社会模式的决定和制约，是基本社会制度的具体体现，是一定历史时期社会模式下的管理机制。

第四，中国特色社会主义法律体系是中国特色社会主义制度的规范表达和文本形式。社会主义法律具有教化、规范、引导、整合的功能，各功

①中共中央文献研究室编《改革开放三十年重要文献选编》（上），中央文献出版社，2008，第207页。

能之间相互联系，相辅相成。首先，中国特色社会主义法律体系为中国特色社会主义制度提供了法理支持。宪法第一条规定：中华人民共和国是工人阶级领导的，以工农联盟为基础的人民民主专政的社会主义国家。这就是国家制度明确的法律表达和规定。其次，中国特色社会主义法律体系通过执法手段实现制度的维护。既规范我国政治活动中参与主体的行为，又是执政党、人民政府、社会组织和公民在社会治理过程中权力和权利的良性、合法互动关系的调节工具。中国特色社会主义制度蓝图，是在坚持中国共产党的领导、理性的设计和改革开放的实践基础上绘就的。

（二）中国特色社会主义制度的逻辑层次

从中国特色社会主义制度的多元且非线性看，仅仅基于要素的横向逻辑结构角度不能立体地解决中国特色社会主义制度创新的层次体系和运行机制。本文从宏观、中观、微观三个层面来探讨中国特色社会主义制度体系的层次问题，深入解决制度的实现与运行问题。

从制度体系的构成来看，按照从制度体系核心到边缘的顺序，可以将制度体系分成制度、体制、机制三个层面。系统的和谐发展离不开制度的基础保证、体制的合理展现、机制的灵活运转，三者缺一不可，互为补充。制度、体制、机制同处于制度体系之中，体制和机制都以制度为基础，同时，机制和体制的建立健全又会促进制度的完善和发展。

中国特色社会主义制度体系划分标准多样，胡锦涛从内容上将其分为三个层次：一是人民代表大会制度这一根本政治制度，二是基本政治制度、基本经济制度和中国特色社会主义法律体系，三是建立在根本政治制度、基本政治制度、基本经济制度基础上的经济体制、政治体制、文化体制、社会体制等各项具体制度。本文从纵向逻辑层次来研究中国特色社会主义制度体系。

第一，从制度层次视阈看，制度具有宏观决定性作用。

制度位于社会体系的宏观层面和基础层面，侧重于社会的结构。“制度”一词由来已久，《辞源》上记载：《易·节》中就有“节以制度，不伤财，不害民”。制度最初有两层含义：一则，法令礼俗的总称。二则，指规定、用法。“制度”一是要求大家共同遵守的办事规程或行动准则如工作制度、财政制度。二是在一定历史条件下形成的政治、经济、文化等方面的体系如社会主义制度。我国国家制度体现为根本政治制度、基本政治制度、基本经济制度，他们是制度体系中的顶层结构，是我国基本制度体系的基本原则，是国家制度的根本属性。制度的根本规定性是坚持和完善中国特色社会主义的根本，不容动摇。

第二，体制是制度的实现形式，是中国特色社会制度植根于我国社会环境的具体体现。体制位于社会体系的中观层面，侧重于社会的形式。制度决定体制，体制为制度服务。中国特色社会主义制度体制建设是中国特色社会主义制度建设中的重要领域和关键环节。中国特色社会主义制度的突出特点就是足够的集中和足够的多元。如经济建设中，在牢牢坚持经济基本制度原则不动摇的情况下，探索适应我国现实的制度实现形式。在产权分配制度、公司治理制度、人力资源制度、薪酬制度及市场管理制度上均是中国特色社会主义市场经济体系中最优制度安排。

第三，机制是体制的运行方式，是制度结构的组织形式和运行状态在现实生活中的具体表现。机制位于社会体系的微观层面，侧重于社会的运行。它是一个动态的概念，机制既体现并且包含于制度和体制之中，同时，制度和体制又必须在一定的机制下得以运行。一方面，机制要受制于制度和体制，它不能脱离制度的内容约束，又不能在制度体制之外运行，制度和体制对机制具有一定的约束力。另一方面，机制的合理运行对制度和体制起到完善和补充的作用。机制是制度和体制中各种因素互相制约、互相交往和联系的制度保证，只有在一个机制健全、运行顺畅的条件下，才能保证制度和体制实现。机制本身具有灵活性和前瞻性，机制在运行过程中，容易提前预知变化，因此，机制有利于制度和体制的改革和完善。中国特色社会主义制度运行机制是各项具体制度、体制的落实和深层次的实现形式。

综上所述，中国特色社会主义制度在纵向上呈现出递进的逻辑层次，制度是根本规范，体制是现实表达，机制是运行基础，实现了从宏观到中观、再到微观的环环相扣，在制度价值取向的决定下，实现中国特色社会主义灵活变动的发展。中国特色社会主义制度体系必然会在变革创新中不断发挥其优越性，为中国特色社会主义伟大胜利提供坚实的保障。

三、中国特色社会主义制度的基本特征

（一）马克思主义的科学社会主义基本原则与中国具体实际相结合

离开国情去建设任何制度都是徒劳的，即便是资本主义也不是一个模式，欧美的资本主义就呈现出不同的发展特点。社会主义制度也不例外，只有社会主义与中国的现实国情相结合，社会主义的发展才会取得成功，相反，就会趋于失败。人类社会发展的历史经验告诉我们，每一个国家的现实国情、历史传统、所处的国际环境都有差异，都直接影响其采用何种社会制度，而最重要的影响因素就是国家所处的历史发展阶段。恩格斯对

于唯物史观的科学方法论，进行了深入的分析，在《社会主义从空想到科学的发展》中提出了要“将社会主义置于现实性的基础之上”。现实性是一个深刻的哲学术语，社会主义要展现自身的制度优越性，就要不断去发掘其现实性。中国特色社会主义制度就是社会主义制度的基本原则在中国现实国情中的建构。

第一，我国基本经济制度的确立就反映了社会主义必须要与国情相结合。社会主义革命后我国基本确立了公有制在国民经济中的主体地位，社会生产资料的公有制保证了中国的社会主义社会性质。曾经一段时间我们抱守“一大二公三纯”的僵化的社会主义认识。在当时一穷二白的基础上建设社会主义。直到改革开放前期，我国生产力水平极端低下、社会发展极不平衡，迫切需要调动社会各种要素参与到经济建设中来，多种所有制经济成分作为新生力量走上历史舞台，当然，所有的经济成分都要服务于中国特色社会主义事业的发展。我国的具体国情决定了在发展的过程中要毫不动摇地坚持公有制经济的主体地位，并着重发挥国有经济对国民经济的影响力和控制力，保证其主导作用，在此基础上来支持、鼓励和引导非公有制经济发展，从而激发社会财富的创造力和活力。

第二，当前我国处于社会发展的转型阶段，经济上多种所有制经济成分共同发展决定了当前我国既要毫不动摇坚持共产党的领导，也要充分发挥民主党派、无党派人士政治协商、参政议政的作用，实行党领导下的多党合作和政治协商制度。40年来的改革开放，我国的社会发生了翻天覆地的变化，生产方式不断调整，社会结构不断变动，科技创新不断发展，利益格局不断调整，思想观念不断丰富，等等，不同利益群体之间的利益矛盾与冲突导致社会不断动荡。社会的弱势群体渴望社会能够实现最大限度的公平，而富裕阶层则更期望能够有一个政党代表自身的利益。而民主党派则能够在当前的社会环境下代表更多阶层的利益，体现多个阶层的诉求，他们参与政治协商能够更好地推动社会的稳定和谐。所以，我国采用多党合作和政治协商制度能够在最大程度上化解社会转型阶段的不同声音，畅通利益表达渠道，实现利益的相对均衡发展。

第三，多民族的单一制国家决定了我国应当实行民族区域自治制度。我国人口众多，地域辽阔，所以形成了多民族，不同民族的人们拥有不同的民俗风情和生活习惯。我们应该尊重不同民族的习俗，而不是要求他们都统一按照同一民族的习俗生活，每个民族，无论是少数民族还是汉族都拥有选择自身生活方式、治理民族方式的自由和权利。所以，我国立足国情，实施民族区域自治，将国家统一领导与少数民族根据民族习性管理民族事务充分结合起来，民族事务由民族自主管理。少数民族自治能够促进我国各民族的平等、团结和共同发展，还能够巩固国家的统一完整。

第四，基层群众自治制度是我国社会治理制度的重要组成部分，这是由我国人口多、疆域大、问题复杂的现实情况所决定的。这一制度体现了中国共产党的群众路线，可以充分调动基层群众参政议政的积极性与主动性。因为我国人口多、地域广，所以总会产生一些我国的政治制度无法解决的社会矛盾。而实行了基层自治制度后，群众发生这些矛盾可以寻求村委会或居委会的帮助，从而让村民或居民实现自我教育、自我管理和自我服务，通过各种有效的途径实现自身的权益保护。当然，城乡差异、发展差异和民俗差异所产生的矛盾也可以通过基层群众自治制度来进行解决，通过制度化渠道解决人民内部矛盾。马克思主义的基本原则就是要大力发展生产力，实现共同富裕，马克思主义在中国的创造性运用之一就是在我国建立中国特色社会主义制度。

马克思主义的优越性就是不断解放生产力，推动生产力发展，在与资本主义的制度比较中展示制度的优越性。科学社会主义的基本原则之一就是要发展生产力，中国特色社会主义制度是与我国国情相结合的社会主义制度，我们一直坚持按劳分配为主体的分配制度和公有制为主体的经济制度。正是这一点有效确保了社会主义的基本方向，也为生产力的解放与发展、共同富裕的实现提供了重要保证。中国发展的奇迹充分证明了社会主义基本原则的普遍性与我国国情的特殊性必须结合起来，这创造了社会变革的新里程碑，我国据此成为世界第二大经济体，大大提升了自身的国际威望，提升了国民的制度自信。

（二）“人民至上”的价值取向

制度的区别，更深层的差异在于双方所倡导的价值取向。社会主义与资本主义的差异不是与经济基础无关，相反，是两种社会制度生产资料所有制在世界观、人生观和价值观层面的反映。中国特色社会主义制度是中国共产党在长期的革命建设和改革实践中所作出的制度选择，共产党的根本宗旨是全心全意为人民服务，充分体现了中国特色社会主义制度的价值取向。

第一，两种社会制度在价值观上出现裂变。不同制度的国家，其价值选择会有不同，资本主义国家就是要为资本家服务，推动实现资本的不断增殖。在资本主义社会，资本运行创造出发达的生产力的同时也造成了劳动者的贫困，这是由生产资料的资本主义私人占有制决定的。我们不能忽视这一点，那就是资本主义曾经而且现在依然起着非常重要的作用，促进了社会生产力的快速发展，但是同时也使劳动处于更加劣势的位置，科技的发展使“羊吃人”变成了“机器吃人”。生产力的发展与工人阶级的地位的反差，是由于在资本主义社会，生产资料与工人阶级没有统一起来，生产资料的资本主义私人占有制是矛盾的根源。资本主义社会的上层建筑就是要维护资本主义的利益，事实上，正是资本主义的局限为自己准备了掘墓人。社会主义快速成长，马克思在对共产主义制度进行探讨时，就充分认识到了资本主义制度的逻辑矛盾，并极力克服这一局限性，提出在未来社会要实现生产资料公有制，实现生产资料与劳动者的结合。到那时，资本主义的灭亡与社会主义的胜利将会推动人类社会的巨大进步。而在共产主义的实现过程中，我国所实行的社会主义制度是初级阶段，社会主义的价值观也与资本主义完全对立，正是集体主义的价值观展现了社会主义的价值取向。

在人类历史的长河中，个人主义与集体主义都是特定历史时期的进步，而社会主义是人类历史发展的方向。个人主义强调个人利益至上，社会的存续就是为了个人目标的达成。相反，集体主义强调集体、国家和民族的利益至上，每个人的发展和追求要置于整个社会有机体中才能彰显其价值。两者的差异是由生产资料所有制所决定的，这是马克思“社会存在决定社会意识”的唯物史观所决定的，维护个人的权益和维护集体的权益是衡量社会价值取向的根本所在。两种社会形态的价值取向从历史的纵向视角来说都是有意义的，但我们不能据此就否认历史向前发展的大趋势，社会主义价值最终要实现自由人的联合体，这是追求资本利益的资本主义社会形态所无法比拟的人类价值取向。

第二，为了人民的利益和发展是社会主义的价值目标。马克思恩格斯根据欧洲当时的革命形势和资本主义发展的实际情况，通过对商品经济的分析，构建起了科学社会主义的基本原则，在当时的时代条件下对社会主义的基本价值进行了思考。马克思恩格斯指出，社会主义制度的价值取向是消灭私有制和消灭剥削，维护绝大多数人的利益就是社会主义制度的价值追求，社会主义发展的目标就是实现人的全面而自由的发展，而这一切要靠发展生产力。马克思主义强调人的价值，人是整个社会发展的核心，要实现人的发展。

在中国，中国共产党是在革命、建设和改革中实现了自己的一次次成长，在历史的任何时期，中国共产党价值取向都是为了实现多数人的利益，正是这一点，激发了中国共产党源源不断的创造性和积极性，并创造了更多的社会财富，进而能够实现社会生产力的更大发展。中国特色社会主义制度的根本价值取向是实现最广大人民的根本利益。马克思恩格斯在自己的思想体系构建中重视人的存在和主体性，不难看出，社会进步和经济发展的外在指标在人的发展衡量标准面前显得微不足道。马克思恩格斯在建构“两个必然”的历史规律框架时指出，共产主义社会区别于其他社会形态的显著特征就是人的全面而自由的发展，这是人类存续的最高价值所在。制度就其本质而言，是对不同的人、阶级和集团利益关系的关注，并解决这些利益问题。中国特色社会主义制度相较于其他社会制度形态，优势就在于为绝大多数人谋求利益。中国特色社会主义的制度选择、制度设计和制度现实，推动了社会主义社会生产力的发展，最终建成自由人的联合体，实现人的全面而自由的发展。中国特色社会主义制度既要遵循传统社会主义理论的价值取向，又不能离开中国社会变革的社会实践。任何制度的价值取向和价值判断都要有坚实的社会心理基础，制度选择和制度运行一旦缺失或偏离了社会心理基础，势必会导致中国特色社会主义制度建设的困难。人民当家作主、人民民主权利、自由发展是中国特色社会主义制度追求的本质，这是社会主义制度的内在价值要求，中国社会的时代需要，更契合了人民要求发展、进步的心理需要。

（三）“发展是硬道理”指引下的效率优势

中国特色社会主义制度的优势是能够集中力量办大事，并能够有效激发社会活力。人民代表大会制度的效率优势在于能将人民的意志动员起来，集中力量，这相对于形式民主大于实质民主的资本主义制度有较强的优势。我国的多党合作与政治协商制度就是在制度的框架范围内，实现社会各阶层力量的参政议政、民主协商，推进政府决策科学化、民主化，提高办事效率。

在经济上，经历了改革开放的不断探索，中国特色社会主义的基本经济制度和分配制度调动起社会的各生产要素参与到创造社会财富中来，提高了生产效率。在政治上，中国特色社会主义政治制度是一个独创，无论是在世界政治史上，还是在中国政治史上，都是史无前例的，包容性是其最大的特点，能够有效实现政治过程的民主化、科学化，预防缺乏监督的政治体系的诟病，还能避免社会力量过于分散导致的政治纷争，提升制度的效率。中国共产党是一个有持续先进性的高度自觉的政党，能够始终清醒地认识到自身的阶级立场和利益代表。在我国，人民代表大会制度其实就是代表人民群众行使国家权力，一旦通过一个决议就不受牵制地立即执行，集中全国人民的力量和意志去实施。中国共产党通过对国际国内局势进行慎重思考所制定的国家的路线方针和政策，具有长期的稳定性，方针政策的调整也不会因领导人的改变而改变，都是基于国家所处历史方位作出的必要性调整，与西方国家制度相比较，这是中国特色社会主义制度的一个重要优点。20 世纪 80 年代末 90 年代初，苏东剧变，西方势力继续对我国进行分化和西化，国内资产阶级自由化思潮甚嚣尘上，在严峻的历史背景下，中国共产党迎难而上，排除国内外敌对势力的干扰，果断决策，理性分析问题，坚定地选择中国特色社会主义制度，并在特殊历史时期彰显了我们制度的优势。20 世纪 90 年代亚洲爆发的金融危机蔓延到中国，党和国家能够认真研究危机特点，果断决策，确保经济的持续发展。《纽约时报》等西方媒体喜欢把中美应对自然灾害的反应进行对照，铁的事实让西方媒体也不得不承认：中国政府对自然灾害的处理效率反映出中国特色社会主义制度中的民主集中制的优势。可以说，在经济困难时期，中国的指挥和控制体系实际上比其他市场经济体系更有效，中国以其更加有效的宏观调控使得社会主义市场经济的发展少走了很多弯路。当今，人类的发展进入加速时期，这似乎是一个连人类自己都难以想象的事情，这种世界情境的快速转换，使得中国特色社会主义制度备受考验，在西方的高科技封锁和意识形态攻势下，它依然展现强大的生命力，不断解放和发展社会主义社会生产力。

从微观和宏观两个视角去考察中国特色社会主义制度，不难发现其制度优势。在宏观上，中国特色社会主义建设事业是中国共产党领导全国各族人民共同奋斗的历史进程，人民代表大会制度能够维护最广大人民的利益，汇聚社会主义建设的强大力量，人民能够有效表达自己的利益诉求并得到回应，以此激发广大人民群众建设社会主义的积极性和创造性。党对于自身政策、制度的选择是经过长期的理性思考所作出的科学决策，具有战略性，不会出现朝令夕改的状况。改革开放以来党的基本路线、基本纲领等全局性的路线方针政策都没有发生根本性变化，宏观的制度效率优势为微观的制度效率优势的发挥提供了政治支持。另一方面，宏观效率的持续有赖于微观效率。一定意义上讲，微观效率的重要表现就是生产力方面，宏观效率在上层建筑方面体现更为明显，生产力与生产关系、经济基础和上层建筑之间的辩证关系，使得社会主义的生产力不断向前发展。中国每一项具体制度的选择，其根本目的都是要推动社会进步，实现人的发展。变革社会的体制机制，把受到束缚的社会生产力解放出来，推动社会生产力的发展，彰显社会主义制度的比较优势。改革开放以来的制度变迁的历史已经证明了这一点。

（四）人类制度文明的相互借鉴

制度植根于文化之中。中国传统文化具有包容性，文化的包容性必然带来制度的包容性，中国特色社会主义制度在体制机制等方面的建设就展现了中国特有的文化特点，在实践中协同推进中国的社会主义现代化事业。当然，故步自封、闭关锁国只能导致落后，我国吸收和借鉴世界的制度文明成果，其根本目的就是在与世界制度文明的互动中实现制度的比较优势。

第一，中国传统文化是中国特色社会主义制度生长的深厚土壤，体现了文化的包容力。中国文化具有悠久的历史和独特的思维习惯，并渗透到中国人的心理之中。整体思维、强大的包容性和传统的和合思想，就是其集中的体现。一个民族具备怎样的民族心理、习俗和传统，与一个国家制度的选择、建立和运行都息息相关。例如，和合思想就是既要提倡事物的多样性、尊重差异性，又要维护事物之间的贯通，这是传统中国的辩证思维。中国的传统是从整体的角度去考察事物，强调集体主义，注重整体。对“天下为公”的向往使得整体主义有着强大的心理支撑，而“修身、齐家、治国、平天下”，正是天下文人为之奋斗的目标。人们虽然因为从不同的角度去思考问题会得出不同的看法，但从整体上看，还是认为要公正地对待各方利益，追求整体利益。中国传统文化博大精深，不同的学者从不同的视角去看待中国文化会得出不同的结论，但是中国制度的多元包容性和文化的中庸是学者相对统一的认识，这对于中国特色社会主义制度建设具有重要的推动作用。“一国两制”的构想就是对中国传统文化的马克思主义运用。

中国特色社会主义制度与中国文化传统如何相互促进，是当今学者正在并将继续研究的重大课题，这直接决定着中国特色社会主义制度的文化根基。任何真正成功的制度一定是在特定的文化模式中长期演化、内生而来的。如何在中国特色社会主义制度的建设中充分挖掘其中的思想养料，推动中国特色社会主义制度不至于受到传统文化力量的冲击，并为此形成强大的社会心理支持，将对生产力的发展、改革的深入和社会的稳定起到重大作用。

第二，中国特色社会主义制度要批判继承其他制度文明成果。中国特色社会主义制度是在特定的历史条件下中国人民的选择，在制度选择上一定是偶然性之中有必然性。正如中国离不开世界，中国建设社会主义制度也无法脱离世界制度文明，任何一项制度的完善都是在制度的互动中发展完善的，没有任何制度会独善其身。西方新制度经济学派认为对先进制度设计的学习，可以发挥后发优势，节约制度创新的经济、时间和试错的成本，更好地推动制度的变迁。在我国建设社会主义制度，是一个全新的事业，面临很多不确定性，社会现实的变迁决定着制度也要跟随实际情况进行变迁。“他山之石，可以攻玉”，要积极吸收对社会主义制度建设有益的文明成果，而不能不加辨别地拒绝。

中国的社会主义革命、建设和改革都是在不断的学习中前进的，尤其是学习并超越了苏联模式社会主义。在学习苏联模式社会主义制度建设中，我们主要学习了三点：一是苏联的苏维埃制度启发我们建立了人民代表大会制度；二是学习了苏联的经济体制机制，建立计划经济体制和“一大二公三纯”的公有制经济基础；三是按照苏联宪法的模式起草通过了我国第一部社会主义宪法。简单的学习必然导致惨痛的教训，在教训之后，我国的社会主义制度建设对苏联模式进行了超越：经济上，建立社会主义市场经济体制，激发社会的活力，推动生产力的快速发展；政治上，并没有学习苏联建立一党制，而是尊重各革命阶级和阶层的意愿，允许多个政党存在，多党合作，政治协商，调动更多的社会力量共同参政议政，民主协商，打破了苏联模式的封闭体系，吸收借鉴了资本主义国家的优秀成果，展现了社会主义制度的强大包容力。

当今世界的发展要求制度本身必须是开放的，资本主义制度在对于社会主义制度中的合理成分的运用已经体现在很多方面。社会主义制度如果没有优越的现实内容作注脚，定会在与资本主义制度的比较中处于被动。资本主义的思想启蒙和制度建设是在封建社会的母体中进行的，历史比较长。社会主义制度只有吸收借鉴每个国家的进步制度的因素，才能不断完善自身的制度，只有批判地吸收、发展包括资本主义制度在内的各种制度文明的优秀元素，社会主义制度的优越性才有可能得到体现。任何一次制度文明的吸收都要经过认真的考察与思考，制度的相互学习是带有工具价值的，不具有价值导向的意义。进一步讲，社会主义制度的包容性是有条件的，学习、发展资本主义制度，决不能理解为简单地照抄照搬，必须进行合乎国情的合理选择，不能因为制度的相互学习而走上改旗易帜的邪路。

中国特色社会主义制度将世界优秀文明成果和中国传统文化融为一体，其建立和完善可谓内外因共同发挥作用的结果。我国的传统文化具有极强的包容性，这是中国特色社会主义制度发展和完善的内因。中国特色社会主义制度之所以能够与时俱进，与以开放的姿态去接纳人类的制度文明成果不无关系，批判地学习世界一流的优秀制度文明成果是中国特色社会主义制度不断发展的外因。

（五）“五位一体”的制度建设框架

中国特色社会主义制度的建设是一个宏伟的系统工程，可以从纵向和横向去分析制度建设的内部逻辑。纵向看，中国特色社会主义制度由基本制度、根本制度和具体制度所组成；横向看，经济、政治、社会、文化和生态文明制度构成了中国特色社会主义制度的外延。制度的建设本身远没有如此的单一，还应包括制度的心理建设、环境建设等各个方面。

首先，制度的纵向体系——根本制度、基本制度和具体制度，三者形成从内涵到外延逐步放大的递进体系，根本制度是前提，基本制度是保证，具体制度是动力源泉，三者作为一个有机体统一于中国特色社会主义事业的发展之中。

中国特色社会主义制度最根本的一条就是要始终坚持社会主义属性，作为中国特色社会主义的方向毫不动摇地坚持。中国共产党在长达97年的历史进程中，紧紧依靠人民推翻了剥削压迫中国人民的三座大山，没有人民的支持，中国的革命建设和改革就不可能成功，历史启示我们：人民民主专政和人民代表大会制度是历史的选择、人民的期待。根本政治制度处于制度体系建设的最顶端，具有宏观稳定性与决定性。只要始终坚持中国特色社会主义根本的政治制度，就不会走改旗易帜之路，即使改革非常深入也不会改变社会主义的前进方向。只有确保国家制度具有稳定性，改革的科学性和持续性才有可能，苏东剧变的前车之鉴就在于草率地变革了制度本身，动摇了制度运行的基础，丧失了根本也就丧失了一切。

中国特色社会主义制度的运行方向是通过一系列基本制度得到保障的。在长期的中国社会主义现代化进程中，中国在政治、经济和法律等范畴内都取得了显著的成绩。其中，基本政治制度是核心，这是我国政治本位的社会实际所决定的，基本政治制度促进中国特色社会主义民主政治得以实现，基本政治制度和根本政治制度共同对我国发展社会主义的道路进行着有力的规范。基本经济制度是制度体系的基础，经济基础决定上层建筑，以生产资料所有制为基础的基本经济制度决定了我国的国体，新中国成立至今的所有历史，都毫不例外地坚持一点：公有制在整个社会经济中的主体地位。中国特色社会主义法律规范体系是对中国特色社会主义各项事业发展的法律性规范，通过法律化和制度化中国特色社会主义事业的实践经验，推动社会主义社会各项事业的再发展，完善中国特色社会主义法律体系能够将成功经验制度化，用国家法律进行固定，进而成为在社会主义建设和改革实践中遵循的原则。中国特色社会主义基本制度的创建与完善反映出国家制度建设获得了丰硕的成果，是中国特色社会主义事业前行的保障。

具体制度是中国特色社会主义事业的动力，更具有现实性，能够与具体的生动的社会主义建设实践对接。中国特色社会主义的具体制度是在坚持马克思主义的基本原则前提下，按照我国的历史传统和现实国情制定的一套制度运行体系，功能发挥具有自主性。改革开放以来的历史就是对具体制度的一次次变革。我国的体制改革所针对的主要是政治、经济、文化和社会的具体制度，这是在坚持根本制度和基本制度的前提下，对于不适应中国国情的具体制度进行的革命。

当前，我们要完善中国特色社会主义制度，就是要对体制机制层面上不适宜社会生产力发展的方面进行变革。每一项制度在现实生活中的具体表现就是体制机制，体制在中国特色社会主义制度体系中，发挥着基础性的、具体的作用。改革开放以来，正是体制机制的变革推动了中国社会的变迁，体制机制变革由于并没有触及制度本身，成为整个社会变革最能动的领域。当然，中国特色社会主义制度中仍然存在着大量的影响制度优越性发挥的具体体制机制障碍。在深化改革的历程中，深层次矛盾凸显，这些体制机制严重地阻碍了改革开放的历史进程，需要以刮骨疗毒的勇气去打破体制机制的藩篱，解放生产力，推动生产力的发展。

其次，制度的横向体系主要侧重于外延建设，具体包括政治、经济、文化、社会和生态文明等。在制度的横向构成逻辑中，政治制度处于核心地位，经济制度是基础，文化制度引导整个社会发展的深度，社会制度建设起到托底作用，生态文明制度为整个社会发展提供优良的社会环境。“五位一体”的制度建设格局是在长期的中国特色社会主义实践中不断完善和发展的。

（六）中国共产党的有效领导

第一，党的领导是中国特色社会主义制度的根本性特征。我国是人民民主专政的国家，这是中国共产党带领全国各族人民在长期的革命斗争实践中发现的一条适合中国国情的国家制度。党要在法律的框架内，实施对社会的治理，确保国家社会主义事业依法进行，推动中国特色社会主义各项事业走向法治化和制度化的轨道，使得经济社会事业的发展成为一个客观的历史进程，不因人的意志的转变而发生变化，这是中国共产党对国家实现领导的最有效方式。但是，我们不能因为按照宪法和法律治国理政，就否认党的领导，这是一个严肃的政治问题。依宪执政和依法执政就是党按照法律的程式制定法律和执行法律，党在法律的框架内对经济事务进行管理。

近代以来，摆在中国人民面前的有三条道路：一是继续走半殖民地半封建社会的道路。从北洋军阀开始，一直到国民党统治集团为主导的四大家族，就是要实现大地主大资产阶级专政。在形式的逻辑上，中华民国实行的是孙中山先生的军政—训政—宪政道路，实质上却是法西斯的独裁统治。二是走人民民主专政的道路。人民是国家的主人，人民在中国共产党的领导下，建立工人阶级领导的人民民主专政的国家，使中国走上社会主义现代化道路。第三条道路主要是由某些信奉西方宪政体制的中间人士和中间党派的领袖人物提出的，他们在没有认清中国国情和西方资本主义列强本质的前提下，奢望建设一个类似西方的资产阶级宪政共和国，使中国走上资本主义道路。人民作出了正确的选择，历史现实证明了人民选择的正确性，只有中国共产党和社会主义道路才是引导中国走向光明的唯一道路。第三条道路的信徒们后来真正认识到了大地主大资产阶级的本性，认识到了西方列强是不允许中国走独立自主的资本主义道路的，最终站到人民一边，选择了第二条道路。

第二，党的领导为什么是中国特色社会主义的根本特征？马克思主义认为，经济决定政治，政治反作用于经济。党的领导，既是革命历史的选择，也有现实的依据，还是党自身的性质所决定的，党的领导是从政治形态的角度，实现无产阶级和广大人民群众根本利益的体现。

在中国，历史告诉我们：只有共产党，才能够通过中国特色社会主义制度体系、马克思主义中国化、党的路线方针等的综合作用，整合社会各阶层的利益，明确中国特色社会主义事业的共同目的、根本要求，凝聚人民的力量、意志和智慧，依靠社会整体系统的力量，发挥人的主体作用，培育社会主义核心价值观，带领全国人民创造出经济社会发展的一个个奇迹，让人民创造历史并决定历史的进程，进而在中华民族伟大复兴的中国梦征程中实现人的全面而自由的发展。中国共产党的历史，就是沿着以往先进中国人奋斗的足迹，在新的历史条件下继续推进中国独立、统一、民主和富强的历史进程，实现中国人长期的历史夙愿。我国社会主义现代化的历史进程说明：我国长期的经济发展和社会进步是对中国共产党的领导的最好注脚，是对中国选择社会主义道路的最好注脚。在中国，中国共产党的领导和执政党地位是深深扎根在人民生活实践和心灵深处的，任何别有用心的企图都是徒劳的。

总而言之，中国特色社会主义制度包括人民代表大会的根本政治制度，中国共产党领导的多党合作和政治协商制度，民族区域自治制度和基层群众自治制度的基本政治制度；以公有制为主体、多种所有制经济共同发展的基本经济制度，中国特色社会主义法律体系，以及建立在基本政治经济制度上的其他政治制度、经济制度、文化制度、社会制度。

坚持中国特色社会主义制度，就是要坚持把根本政治制度、基本政治制度、基本经济制度和其他各方面机制体制有机结合起来，坚持把国家民主制度和基层民主制度结合起来，坚持把党的领导、人民当家作主、依法治国有机结合起来。

中国特色社会主义制度，是当代中国发展进步的根本制度保障，集中体现了中国特色社会主义的特点和优势。我们推进社会主义制度自我完善和发展，在经济、政治、文化、社会等各个领域形成一整套相互衔接、相互联系的制度体系。人民代表大会制度这一根本政治制度，中国共产党领导的多党合作和政治协商制度、民族区域自治制度以及基层群众自治制度等构成的基本政治制度，中国特色社会主义法律体系，公有制为主体、多种所有制经济共同发展的基本经济制度，按劳分配为主体、多种分配方式并存的分配制度，以及建立在根本政治制度、基本政治制度、基本经济制度基础上的经济体制、政治体制、文化体制、社会体制等各项具体制度，符合我国国情，顺应时代潮流，有利于保持党和国家活力，调动广大人民群众和社会各方面的积极性、主动性、创造性；有利于解放和发展社会生产力，推动经济社会全面发展；有利于维护和促进社会公平正义，实现全体人民共同富裕；有利于集中力量办大事、有效应对前进道路上的各种风险挑战；有利于维护民族团结、社会稳定、国家统一。

面对风云变幻的国际形势，面对艰巨繁重的国内改革发展稳定任务，中国共产党要团结带领人民继续前进，开创工作新局面，赢得事业新胜利，最根本的就是要高举中国特色社会主义伟大旗帜，坚持和拓展中国特色社会主义道路，坚持和丰富中国特色社会主义理论体系，坚持和完善中国特色社会主义制度。

实践发展永无止境，认识真理永无止境，理论创新永无止境。党和人民的实践是不断前进的，指导这种实践的理论也要不断前进。中国特色社会主义道路必将在党和人民的创造性实践中不断拓展，中国特色社会主义制度必将在深化改革、扩大开放中不断完善。这一过程必将为理论创新开辟广阔前景。

第一章
中国特色社会主义制度的理论渊源

胡锦涛在党的十七大报告中指出："中国特色社会主义道路之所以完全正确、之所以能够引领中国发展进步，关键在于我们既坚持了科学社会主义的基本原则，又根据我国实际和时代特征赋予其鲜明的中国特色。"这段话道出了对待马克思主义基本的科学态度：坚持又不能教条式地照搬照抄，而是靠自己独立思考，从实际出发，寻求理论与实践的有机结合。从渊源论视角看，这里也道出了中国特色社会主义理论重要的理论渊源和实践基础。马克思恩格斯创立的科学社会主义，是中国特色社会主义理论的思想源头和理论渊源，对中国特色社会主义理论体系的形成与发展起着思想先导和理论基础作用；历史新时期的社会主义建设实践，是中国特色社会主义理论体系的现实源头和实践基础，对中国特色社会主义理论的形成与发展起着实践检验和推动作用。

习近平在学习贯彻党的十八大精神研讨班开班式上，就中国特色社会主义的理论渊源和历史渊源，提出了一系列重要论断。他说："党的十八大精神，说一千道一万，归结为一点，就是坚持和发展中国特色社会主义。""中国特色社会主义是社会主义而不是其他什么主义，科学社会主义基本原则不能丢，丢了就不是社会主义。”他还回顾了社会主义思想从提出到当前的历史过程，指出社会主义思想经历了六个时间段：“空想社会主义产生和发展，马克思、恩格斯创立科学社会主义理论体系，列宁领导十月革命胜利并实践社会主义，苏联模式逐步形成，新中国成立后我们党对社会主义的探索和实践，我们党作出进行改革开放的历史性决策、开创和发展中国特色社会主义。”①

理论渊源研究是中国特色社会主义制度研究的重要组成部分。对中国特色社会主义制度进行思想理论上的追根探源不仅能坚定社会主义方向与信念，增强制度自信，而且可以丰富深化中国特色社会主义理论体系，为中国特色社会主义道路提供强大的思想基础和理论支持，进而全面推动中国特色社会主义事业。对应习近平总书记在学习贯彻党的十八大精神研读班上的关于“中国特色社会主义理论渊源”的论述，我们认为，中国特色社会主义制度的理论渊源可以分为四个层次：空想社会主义思想家对共产主义的构想、马克思恩格斯关于科学社会主义的基本理论、列宁斯大林对社会主义制度的尝试、新中国成立后我党历届共产党领导人对社会主义制度建设理论的探索和发展。

①周新城：《论中国特色社会主义的理论和历史渊源》，《北京交通大学学报（社会科学版）》2013年第4期。

一、空想社会主义思想家对共产主义社会的构想

空想社会主义是马克思、恩格斯科学社会主义的重要思想来源之一。在16世纪，莫尔连同其著作《乌托邦》已经成为空想社会主义的代名词。空想社会主义经历三个世纪的发展，迎来了科学社会主义的诞生，期间，空想社会主义的发展经历了三个阶段。空想社会主义思想家们进行了艰苦卓绝的、属于那个时代的理论探讨和实践摸索，这些探索从理论上和实践上都为科学社会主义的萌芽奠定了基础。空想社会主义思想家们在理论研究和实践摸索中提出了许多有价值的构想，但由于时代的局限性，这些构想存在着不同的缺陷，流于空想。

（一）16、17世纪的早期空想社会主义

16世纪的英国刚从中世纪晚期农民起义、封建战争引起的社会动荡中走出来不久，人们迫切希望和平与稳定，但当时的资产阶级正处于原始资本积累阶段，维护着属于本阶级的特殊利益。16世纪初英国领主掀起了第一次“圈地狂潮”，使16、17世纪农民中的贫富分化进一步加剧，贫富分化和经济局势恶化使英国社会充满了危机。并且，在欧洲大陆上，由马丁·路德发动的代表着下等阶级利益的宗教改革，以及由此而激发起来的各阶级反抗压迫剥削的斗争风起云涌。因此在新的历史条件下，为了改善下等阶级的生活状况，当时的学者开始反思当时的英国制度，企图找出造成阶级裂变的制度原因，并变革制度，消除阶级对立，实现阶级融合，于是空想社会主义诞生。第一批空想社会主义思想家思想中闪烁着属于那个时代的早期社会主义的思想光辉。主要代表人物有：莫尔、闵采尔、康帕内拉、温斯坦莱。

莫尔：他创作的《乌托邦》闪耀着社会主义原则的光辉，政治上实行普遍的民主制，经济上完全废除私有制，建立公有制，分配上实行按需分配，取消商品和货币，实行宗教信仰，等等。莫尔在书中还提出了男女平等、终身教育、道德教育等观点。从一定意义上来讲，《乌托邦》的思想是具有启示性的。

闵采尔：他的关于社会主义的主张和制度建设的思想都零散地存在于后期的文献和闵采尔与友人的通信之中。闵采尔反宗教，却用宗教神学的辞令描述了一个理想的千年太平王国。“公有制、人人平等、按需分配”等都是闵采尔思想体系中经常出现的词汇，这也反映了一个平民宗教改革家和农民起义领袖的思想主张。

康帕内拉：文艺复兴时期，空想社会主义思想家康帕内拉写作《太阳城》，描述理想的未来社会。在那里，人人平等，人人劳动，经济上实行公有制，产品实行按需分配，劳动是每个人的义务。

温斯坦莱：温斯坦莱生于17世纪，他提出的“没有经济上的平等，就妄谈政治上自由”，至今仍然闪耀着思想的光辉。温斯坦莱是掘地派运动的著名领袖，主张建立土地的公有制，废除万恶的土地私有制。温斯坦莱将法律视为万能的治理良方，不赞成用暴力手段实现社会制度的变革。温斯坦莱也有实行劳教结合的思想主张。他的思想已经超过前几位空想社会主义思想家的思想，不再是简单的感性认识，而是逐渐上升到理性分析，认为法律至上。

这个时期的空想社会主义思想家的思想注定只是社会主义学说史上的起步，很不成熟，主要呈现出以下特点：

第一，空想社会主义思想已经在这一历史时期初具雏形。这些天才思想家针砭时弊，提出了积极的主张，头脑中萌发的想法具有合乎人性的正义，但这个时期的空想社会主义思想家更多停留在描述理想的社会制度、美好的生活构想，抽象的想象代替了严密的论证，谈不上通过理论的思考达到具体的实践举措。

第二，受历史的局限，16、17世纪只是空想社会主义的思想萌芽期，学者们更多的是看到了社会现象中的弊病，但并没有对产生这些社会弊病的深层次原因进行系统的、理性的思考，只是就现象提出自己对于理想社会的构想。总之，感性的知识无法替代理性的理论认知，这是由当时的资本主义萌芽现状所决定的。

第三，这一时期空想社会主义思想带有浓厚的宗教神学的色彩。欧洲社会是一个宗教社会，经历了中世纪的黑暗，人们的心理深层都埋藏着宗教的基因。他们对于理想社会的描写难以脱离对于宗教神学的精神依赖，并时刻准备吸收宗教中能为己所用的思想。但我们不能因为这些思想片段在现代人看来是落后倒退的，就一概否认空想社会主义思想家在社会主义认识上的历史性进步。

第四，空想式描述的空想社会主义为后来社会主义思想发展提供可能，更为人们重新认识资本主义更新了视角。即便空想社会主义的思想主张有保持奴隶制、脱离实际等诸多缺陷，但是历史的逻辑总是沿着脱离实际到回归实际的路前行，空想社会主义在证明“此路不通”的残酷现实的同时，也提出了一些诸如公有制、民主选举、按需分配、劳教结合、计划生产、取消商品和货币等思想主张，成为后来科学社会主义宝贵的思想来源和有待确证的思想框架。

（二）18世纪的空想社会主义

18世纪空想社会主义的代表人物都出现在法国，空想社会主义在法国盛行与18世纪法国的社会概况紧密相关：一是同时期的法国思想解放运动最为波澜壮阔，封建意识形态遭到了前所未有的抨击，资产阶级及其思想家开始站到历史的前台，斗争矛头直指封建专制制度和天主教，最终使人们的思想得以解放，一切带有封建色彩的意识形态、思想观念、专制统治都受到了清算。二是法国大革命是欧美历史上最彻底的一次社会革命，建立了资本主义制度，荡涤了封建专制的余孽。解放运动在欧美席卷开来，人们的思想得以解放，灵魂得以拯救，个性得以张扬，法国社会的每一个角落、每一个时期都充斥着先进的思想，让当时的人们热血贲张。事实上，思想大解放迫使统治阶级用更为严厉的统治措施维护自身的统治，而这又进一步推动有识之士更着力于对社会制度的改革。这一时期的空想社会主义代表人物有摩莱里、马布利、巴贝夫。

摩莱里：《巴齐里阿达》和《自然法典》是摩莱里阐述自己空想社会主义思想的代表作。其中兼具政治法律的条文和论战色彩浓厚的《自然法典》集中展现了其思想的精华。摩莱里在《自然法典》前三篇中，详细阐释了公有制社会何以可能、合理性在什么地方。论证共产主义社会是符合人性的理想的未来社会是摩莱里撰写《自然法典》的最终目的和价值取向。

马布利：主要采用法典的形式来表达自己的思想，是当时欧洲启蒙运动的重要思想家，与孟德斯鸠、卢梭等思想家同处一个历史时期，著有《论公民的权利与义务》等。马布利认为自然的法则和人的本性是公有制社会的哲学基础，公有制社会取代私有制社会将是一个长期的过程，会经过有差别的不同阶段，社会主义发展的阶段性特征在这里开始萌发。

巴贝夫：巴贝夫是一位革命家、实践家和理论家，他领导过农民起义、平等派运动。巴贝夫的《在给歇尔曼的信》中，明确提出了自己的思想主张：实行公有制和计划经济，消灭生产与消费的对立，实现人人平等，推动绝对均等化，采取暴力革命的形式来推翻现有的私有制，实现公有制。巴贝夫已经认识到人民群众的力量并试图动员人民群众参与到革命中来。

18世纪的空想社会主义思想家对于新社会的向往和建构，主要呈现出以下几个特点：

第一，18世纪的空想社会主义思想家受到席卷欧洲的启蒙运动的影响，已经开始抛弃宗教神学，关注人的本性，他们阐述自己的主张时已经开始进行理性思考，运用法律条文来建构未来社会。

第二，18世纪的空想社会主义思想家对空想社会主义的认识进入到了理论探索阶段，他们不仅仅通过丰富的想象来勾画美好的未来社会，而且也下意识地开始探求人类社会的发展规律，通过系统的理论论证和缜密的理性思考，发现公有制社会发展的必然性和现实性，借用法律文本来进行公有制社会的规定性描述。

第三，在18世纪，空想社会主义思想家在资本主义私有制刚刚占据历史发展的主导地位之际，就开始对资本主义私有制进行无情的抨击，经济上的不平等和政治上的不平等的根源就是私有制的存在。空想社会主义思想家已经开始认识到国家作为上层建筑由经济基础所决定，国家是富人统治穷人的工具，朦胧的思想火花已经无限接近历史的真实，这为未来科学社会主义提供了重要的思想基础。

第四，18世纪，雏形的阶级观点已经被空想社会主义思想家发现，尽管还没有形成分析问题的科学方法，但在绝对平均主义、禁欲主义、斯巴达式的共产主义等方面的论述也不无建树。这一时期的空想社会主义思想家更多地在农村公社和手工工场的现实社会结构基础上，去设计理想的未来社会。

第五，18世纪的空想社会主义思想，较之早期的空想社会主义思想，已经有了属于自己时代的跨越，空想社会主义思想家已经开始通过缜密的理性思维逻辑来探求对于未来社会的认识，但是没有实践基础的理论和没有现实支撑的理想社会追求注定也仅仅是一个假想。通过苦修、禁欲的方式实现未来的理想社会显示出这一时期空想社会主义思想家的脱离实际性。

（三）19世纪的空想社会主义

法国大革命的浪潮席卷整个欧美，大革命摧毁了一个旧的世界秩序，欧洲人民似乎已经看到了“资本主义的理想王国”就要降临人间。事实上，战争和贫困成了革命后社会的现实，更加尖锐的阶级对立在资产阶级和无产阶级之间确立起来，“理想王国”不过是资产阶级特定历史时期御用的政治谎言而已。“同启蒙学者的华美诺言比起来，由‘理性的胜利’建立起来的社会制度和政治制度竟是一幅令人极度失望的讽刺画。”[①]伴随着资产阶级革命的宏大历史叙事，空想社会主义思想家在即将到来的社会现实中，第一时间发现资产阶级的虚伪性，建构空想社会主义，使空想社会主义思潮在19世纪达到历史的巅峰。

圣西门：圣西门是法国经济学家、哲学家、空想社会主义思想家，他把自己毕生的精力致力于社会主义思想的研究和宣传。圣西门主要在《论实业制度》《一个日内瓦居民给当代人的信》两部著作中阐述他的社会主义思想，《论实业制度》更是全面、系统地描述、论证了他的社会主义思

①《马克思恩格斯选集》（第三卷），人民出版社，1995，第607页。

想主张。

傅立叶：傅立叶对社会历史进行了深入研究，形成了自己独具特色的看法，这也是傅立叶对社会主义思想的最突出贡献，即傅立叶思想中最有建设性的部分其实就是他的最有破坏性的思想：对资本主义制度进行无情的批判。傅立叶在他的空想社会主义思想中第一次提出了和谐社会的制度，他的理想社会是法朗吉，这是一块通往理想的试验田。

欧文：欧文是一个用脚走路的、实践的空想社会主义者，他在美国印第安纳州建立了纽哈蒙尼，即新和谐共产主义移民区，成立了新和谐公社，共产主义的实验就此开始。

19 世纪的空想社会主义批判性意味非常强烈，也更加注重空想社会主义的实践性，在思想的建构中总是要最终落实到如何实现这样一个理想社会。19 世纪的空想社会主义主要呈现出以下几个特点：

第一，在资本主义取得快速发展，在发展过程中又不可避免地暴露出自身的历史局限性的历史背景下，19世纪的空想社会主义思想家对资本主义制度的丑恶进行了无情的抨击，对资本主义制度、资本主义制度的缺陷，认识更深刻，研究更深入，从政治、经济、文化等方面，对资本主义制度的根源——资本主义生产资料私有制进行了无情的批判，深刻揭示了资本主义制度的虚伪性。

第二，19世纪的空想社会主义者已经明确提出了政治制度的基础是经济发展状况、阶级和阶级剥削是资本主义生产资料私有制导致的结果等观点，思想家们已经开始用政治经济学的方法和阶级的观点去认识资本主义和资本主义制度存在的剥削本质，思想家们不再简单凭个人的直觉来认识和研究资本主义，阶级的观点是这一时期空想社会主义者的一大发现。

第三，19世纪的空想社会主义思想家彻底抛弃了苦修苦练的禁欲主义和贫困的平均主义，对未来社会的设计蓝图大多以大工厂为原型，使社会主义建立在高度发达的生产力基础上，社会主义社会是一个具有更高物质文明和更高精神文明的、优于资本主义的社会形态。

第四，19世纪的空想社会主义思想家都把共产主义的理论推进到实践的层面，即便是没有付诸实施。欧文进行的共产主义实践，失败的结局不妨碍他的历史功绩，空想社会主义自此有了实现的可能，理论与实践之间搭起了尝试性的桥梁。

第五，19世纪的空想社会主义思想家的社会主义思想已经发展得相对完备，这不仅仅体现在对于社会主义思想的理论描述和论证上，还体现在对于社会主义的实践和论证达到一个新的阶段。从理论到实践，都将社会主义推向一个高潮。

思想可以跨越时代，但是思想家无法超越时代，评价和认知思想家的思想不能脱离时代，否则就是一种无知和幼稚。空想社会主义的历史性考察显示，思想家们的理论和实践受制于自己所处的时代，社会主义从空想走向科学，再到实践，都需要现实支撑，而时代还没有能实现社会主义的力量出现，空想社会主义思想家更多地寄希望于统治阶级或者自己的对立面大发善心，按照思想家们对未来理想社会的建构，进行自上而下的改良活动。空想的理论再加上没有社会实践力量——无产阶级的支撑，他们的观点只能是流于空想而已。

二、马克思恩格斯关于科学社会主义的基本理论

从18世纪60年代到19世纪中叶，欧美国家先后走上了产业革命道路，

实现了生产力的高速发展，但资本主义社会生产力的迅速发展导致了经济危机的频繁爆发，导致了财富的高度集中和无产阶级的日益贫困。马克思和恩格斯这对革命的战友，是19世纪以来最有影响的思想家、革命家、理论家，马克思恩格斯对资本主义经济危机产生的原因以及解决途径进行了科学研究，在前人理论成果的基础上创立并发展了科学社会主义。

（一）关于社会主义社会本质特征的描述

马克思恩格斯虽然没有明确使用社会主义本质的概念，但研究了社会主义与资本主义及其他社会形态的根本区别，从不同侧面描述了社会主义社会的六大基本特征，科学地论证了社会主义的本质。

（二）关于社会主义社会实现条件的论证

马克思恩格斯论述了实现社会主义社会的必然性、长期性、方式以及经济文化落后国家走向社会主义的构想，对社会主义的实现条件进行了论证。

在社会主义经济建设方面：第一，马克思认为生产力的高度发达和生产社会化是建立社会主义社会的前提条件。第二，马克思指出社会主义代替资本主义是一个长期而艰巨的历史过程，夺取政权并不是一朝一夕可以完成的。第三，马克思提出落后国家可能跨越资本主义阶段直接走向社会主义的设想。根据19世纪中叶资本主义发展的具体条件，指出无产阶级革命有可能先在资产阶级影响薄弱、工业比较不发达的国家发生。

在社会主义政治建设方面：第一，马克思认为无产阶级取得国家政权是实现社会主义的阶级条件。无产阶级是受压迫最深、受剥削最重的阶级，其历史使命就是推翻资本主义生产方式和消灭阶级。第二，马克思提出建立社会主义社会的两种方式——暴力与和平。无产阶级应根据不同时期的情况选择社会主义革命的方式和手段。

在社会主义思想文化建设方面：第一，马克思认为文化是经济的反映，同时又对其产生影响和反作用。“政治、法律、哲学、宗教、文学、艺术等等的发展是以经济发展为基础的。但是，它们又都互相作用并对经济基础发生作用。”[①]第二，马克思认识到文化建设对一个政党的重要作用。强调无产阶级政党作为无产阶级的先锋队必须以科学的思想作为自己的理论基础，“我们党有个很大的优点，就是有一个新的科学的观点作为理论的基础”[②]。第三，马克思断言社会主义文化建设离不开对人的全面发展的追求。社会进步要体现在人的全面发展上，人的全面发展就是在社会进步的历史进程中所实现的人的自由，它离不开社会的进步，这是社会主义文化的总目标和总要求。

中国共产党人在领导中国革命和建设的实践中，根据时代和客观条件的变化，创造性地运用马克思主义基本原理去解决中国的新问题，实现了中国革命和社会主义建设事业的不断胜利、不断更新，充实科学社会主义思想内容，形成了中国特色社会主义理论体系。

（三）关于社会主义基本发展原则的论述

恩格斯在答法国《费加罗报》记者的提问时说：“我们没有最终目标。我们是不断发展论者，我们不打算把什么最终规律强加给人类。关于未来社会组织方面的详细情况的预定看法吗？您在我们这里连它们的影子

---

①《马克思恩格斯选集》（第四卷），人民出版社，1995，第732页。

②《马克思恩格斯选集》（第二卷），人民出版社，1995，第39—40页。

也找不到。”[①]即便如此，对于社会主义来讲，在公有制的基础上组织生产生活是一个核心的命题。马克思恩格斯虽然对未来的社会主义社会的具体状态没有进行脱离时代的妄自猜测，但是他们站在唯物史观的高度，通过对资本主义生产方式的深度解剖，探寻资本主义制度的本质，进而提出社会主义建设的一些原则。

第一，社会主义的第一原则就是发展发达的生产力，积累社会发展的物质财富。马克思恩格斯提出，共产主义社会是一个全面反叛异化的新社会。在新社会，社会分工的消灭、阶级差异的不复存在使人的发展成为可能。新社会充分释放生产力的发展限度，高度发达的社会生产力为社会物质财富的充分积累提供条件，人的发展才可能发生。在新社会里，生产力的发达是决定性的，生产力得不到解放和发展，“那就只会有贫穷的普遍化；而在极端贫困的情况下，就必须重新开始争取必需品的斗争，也就是说，全部陈腐的东西又要死灰复燃”[②]。未来的理想社会——共产主义社会不是自发的、毫无规律性的社会过程，它的实现是一个自觉的现实历史进程，在那里，社会分工已经被放进了历史的博物馆。“只有在那个时候……社会才能在自己的旗帜上写上：各尽所能，按需分配。”[③]

第二，人的潜能的激发是社会主义第一原则的目标指向。“社会化的人，联合起来的生产者，将合理地调节他们和自然之间的物质变换，把它们置于他们的共同控制之下……但是不管怎样，这个领域始终是一个必然王国。在这个必然王国的彼岸，作为目的本身的人类能力的发展，真正的自由王国，就开始了。但是，这个自由王国只有建立在必然王国的基础

①《马克思恩格斯全集》（第二十二卷），人民出版社，1965，第628—629页。
②《马克思恩格斯全集》（第三卷），人民出版社，1960，第39页。
③《马克思恩格斯选集》（第三卷），人民出版社，2012，第365页。

上，才能繁荣起来。”[①]人的发展被马克思看成是人类历史从必然王国向自由王国的发展。在《反杜林论》中，恩格斯明确阐述了这样一个关于人的全面而自由发展的思想：未来理想社会并不是以占有高度发达的生产力为终极目标，人的发展才具有价值性，生产力的高度发达和物质财富的高度丰富只具有工具性价值，人的生存权、发展权、个性，才是人类社会孜孜以求的自觉历史进程。

第三，社会主义发展的最高阶段是共产主义，那是“一个自由人的联合体”。《共产党宣言》这部共产党人的“圣经”，通过严密的推理指出：“代替那存在着阶级和阶级对立的资产阶级旧社会的，将是这样一个联合体，在那里，每个人的自由发展是一切人的自由发展的条件。”[②]恩格斯又补充强调说，对于未来社会主义新纪元基本思想的描述，除了《共产党宣言》那段话，“我再也找不出合适的了”[③]，国际共产主义运动的胜利，在更大范围内建立共产主义，实现人的发展，就是要实现“自由人的联合体”。因为无论是从物质财富的极大丰富，还是从个人的精神生活的极大丰富来看，在共同体中生活的个人，其个性得以张扬，人性得以发挥，个人才获得了真正的自由。

（四）提出社会主义的价值导向，即人的发展

马克思恩格斯在人类历史上第一次开启了“新哲学”思维，其思想的动力和指向就是要“改造世界”。“哲学家们只是用不同的方式解释世界，而问题在于改变世界。”[④]无产阶级只有打碎旧的国家机器，推翻旧

①《马克思恩格斯全集》（第二十五卷），人民出版社，1974，第926—927页。
②《马克思恩格斯全集》（第四卷），人民出版社，1995，第730—731页。
③《马克思恩格斯全集》（第三十九卷），人民出版社，1974，第189页。
④《马克思恩格斯全集》（第三卷），人民出版社，1960，第6页。

世界，取得公共权力，建立人民当家作主的政权，运用权力达到社会的科学管理，才能够获得解放和自由。无产阶级革命，矛盾的解决：无产阶级将取得公共权力，并且用这个权力把脱离资产阶级掌握的生产资料变为公共财产。“生产的发展使不同社会阶级的继续存在成为时代的错误。随着社会生产的无政府状态的消失，国家的政治权威也将消失，人终于成为自己的社会结合的主人，从而也就成为自然界的主人，成为自身的主人——自由的人。”①

作为人类历史上第一个非阶级社会制度——社会主义制度的目标指向就是实现“自由的人”，社会主义的最终目的就是为了实现人的真实自由和彻底解放。在马克思恩格斯的所有著作的最终指向上，都是要实现人的全面而自由发展，诸如《德意志意识形态》《1844年经济学哲学手稿》《共产党宣言》《社会主义从空想到科学的发展》《资本论》等就是从哲学、经济学等视野去关照人的发展问题。马克思针对未来的新社会形态问题给《祖国纪事》写过一封信，他在信中指出“在保证社会劳动生产力极高度发展的同时又保证每个生产者个人最全面的发展这样一种经济形态”②。“共产主义的特征，并不是废除一般的所有制，而是要废除资产阶级的所有制……共产党人可以把自己的理论用一句话表示出来：消灭私有制。”③

（五）指出社会主义替代资本主义的必然性

对于未来的社会制度进行毫无根据的描述，是赤裸裸的空想和无知，

---

①《马克思恩格斯全集》（第十九卷），人民出版社，1963，第247页。
②《马克思恩格斯全集》（第三卷），人民出版社，1995，第342页。
③《马克思恩格斯全集》（第四卷），人民出版社，1958，第480页。

社会处于不断的变化之中，对于未来社会制度无需进行系统的概括，因为实践之树常青，马克思恩格斯只是在分析现存的资本主义制度发展的历史趋势和逻辑发展的时候，作出了一些体现社会主义原则的暗示而已。事实上，对于未来的社会作出现时状态的认知，即便是建立在科学的理论推演基础上，设想得再详细、再具体，最终也要陷入空想之中。马克思丝毫没有制造乌托邦的愿望，他不想凭空臆造不属于自己时代的东西。只有在社会主义建设中的实践者才配谈未来的社会主义是个什么样子，揭露资本家贪婪的本性是马克思恩格斯在现实中的事情，让更多的无产者认清资本主义的真实，并团结起来与资本主义的不合理制度斗争。

如果仅仅把共产主义作为一种思潮、一种学说去认识，那是对马克思恩格斯的最大歪曲。共产主义是一场社会运动，运用现实的物质力量和精神力量，消灭“过时”的资本主义状况的运动。这一“运动”绝非一蹴而就，而是具有鲜明的阶段性：“在共产主义社会第一阶段，在它经过长久的阵痛刚刚从资本主义社会里产生出来的形态中，是不可避免的。权利永远不能超出社会的经济结构以及由经济结构所制约的社会的文化发展。在共产主义社会高级阶段上……社会才能在自己的旗帜上写上：各尽所能，按需分配！”[①]整个的社会主义“运动”至少包含以下发展的元素：生产资料的社会集体占有；有计划、有组织地开展经济活动与商品经济的消失；剥削阶级的消灭和国家统治职能的消亡；按劳分配的历史现实性和阶段性，按需分配的历史必然性；劳动是人的第一需要。“马克思的全部理论，就是运用最彻底、最完整、最周密、内容最丰富的发展论去考察现代资本主义。自然，他也就要运用这个理论去考察资本主义的即将到来的崩

①《马克思恩格斯全集》（第十九卷），人民出版社，1963，第22—23页。

溃和未来共产主义的未来的发展。”[①]正是对于马克思恩格斯的思想进行了系统准确的认识、研究之后，列宁结合俄国的具体实际指出：“无论如何，共产主义社会中的人们自己会决定，是否应当为此采取某种措施，在什么时候，用什么办法，以及究竟是什么样的措施。我不认为自己有向他们提出这方面的建议和劝导的使命。那些人无论如何也会和我们一样聪明。”[②]

（六）矛盾具有普遍性和特殊性

马克思主义认为，矛盾具有普遍性和特殊性，普遍性存在于特殊性之中，特殊性中包含有普遍性。中国特色社会主义理论体现了矛盾普遍性和特殊性、共性和个性的有机统一。社会主义是普遍性、共性，中国特色是特殊性、个性。邓小平理论体现了鲜明的中国特色，坚持了马克思、恩格斯的科学社会主义原则的基本理论。马克思恩格斯早在一百多年前就设想未来的社会主义制度应当是，以生产资料公有制为主体，以按劳分配为补充，建立无产阶级政权。马克思恩格斯对未来社会主义制度的设想是建立在当时资本主义制度基础上的，总结其他国家革命斗争的历史经验之上的。因而这些原则的基本精神适用于各社会主义国家，否则就很难区分社会主义制度与资本主义制度的差异。邓小平理论自始至终贯穿了马克思恩格斯提出的科学社会主义原则的基本精神。邓小平曾经说过：“一个公有制占主体，一个共同富裕，这是我们必须坚持的社会主义的根本原则。”他又指出：“马克思主义的基本理论是，在社会主义阶段实行‘各尽所能，按劳分配’，在共产主义阶段实行‘各尽所能，按需分配’。”

马克思主义及其中国化理论成果是中国特色社会主义各项事业的指导

①《列宁选集》（第三卷），人民出版社，1995，第186页。
②《马克思恩格斯全集》（第四卷），人民出版社，1995，第642页。

思想。具体到制度建设，马克思主义的制度理论对于中国特色社会主义制度建设具有指导意义。马克思恩格斯等经典作家对于社会主义制度的论述是具体的，而不是抽象的说教。从社会形态的视角去具体关照制度是马克思恩格斯经典作家留给马克思主义者的一笔制度认识的财富，决不能把具体的“制度”从活生生的社会实际抽象出来。“制度只不过是个人之间迄今所存在的交往的产物。”[①]“交往的产物”是马克思对于制度认识的种差，是制度的内核。马克思认为，制度是各种社会关系的产物，是“具有规定和管辖一切特殊物的普遍物的意义”的“特殊物”。[②]

我们运用马克思、恩格斯科学社会主义的基本理论和中国现实情况提出了社会主义本质理论；我们运用马克思主义关于社会主义发展阶段理论提出社会主义初级阶段理论；我们运用列宁关于改革的观点提出社会主义改革开放思想；我们运用列宁新经济政策思想提出社会主义市场经济理论；我们运用马克思主义关于社会建设思想并结合中国在四化建设中存在的问题提出构建和谐社会的思想。上述许多新思想、新理论的提出，体现了马克思主义具有与时代同呼吸、共命运的良好品质，表明我们实践了马克思主义，又拓展了马克思主义。

可以说，马克思主义是中国特色社会主义制度的理论基础。中国特色社会主义制度是马克思主义基本原理和马克思恩格斯关于未来社会制度构想在当前中国具体条件下的实现形式。按照马克思在《哥达纲领批判》中的描述，无产阶级夺取政权后的社会大体可以分为三个阶段：资本主义向社会主义过渡时期；共产主义社会的第一阶段；共产主义社会的高级阶段。每个发展阶段之间既有联系又有区别，不能割裂地去理解。不能因为

①《马克思恩格斯全集》（第一卷），人民出版社，1972，第78页。
②《马克思恩格斯列宁斯大林论政治和政治制度》（上），群众出版社，1983，第15页。

过渡阶段甚至共产主义第一阶段还有“资产阶级的权利”，还存在“资本主义的痕迹”就否认了社会主义的性质，这是对马克思主义的根本误解。我国处于社会主义初级阶段，这个阶段不是泛指任何国家进入社会主义都会经历的起始，而是特指我国在生产力落后、商品经济不发达的条件下建设社会主义必然要经历的特定阶段。在这一阶段，我国的社会主义各项制度既体现了中国特色，又坚持了马克思主义基本原则。以中国特色社会主义基本经济制度为例，未来社会主义社会“同现存制度的具有决定意义的差别当然在于，在实行全部生产资料公有制（先是单个国家实行）的基础上组织生产”[①]，但是，恩格斯认为只能逐步改造现代社会，私有制只有在大量生产资料创造出来之后才能废除。我国仍处于社会主义初级阶段，不具备实行全部生产资料公有的物质前提，因此我们坚持公有制为主体，多种经济成分并存。邓小平特别强调，“我们允许个体经济发展，还允许中外合资经营和外资独营的企业发展，但是始终以社会主义公有制为主体”[②]。

因此，我国社会主义基本经济制度充分体现了马克思恩格斯对未来社会制度的基本构想。我们不能简单地拿马克思恩格斯对未来社会制度基本特征的描述来对照尚处于初级阶段的中国特色社会主义制度的现状，这不是真正的马克思主义者的态度。恩格斯曾告诫人们“不要生搬硬套马克思和他的话，而要根据自己的情况像马克思那样去思考问题，只有在这个意义上，‘马克思主义者’这个词才有存在的理由”[③]。总之，马克思主义是中国特色社会主义制度的理论根源，否定了马克思主义的理论根源，也就从根本上否定了中国特色社会主义制度。

①《马克思恩格斯选集》（第四卷），人民出版社，1995，第693页。

②中共中央文献研究室编《邓小平思想年谱（一九七五—一九九七）》，中央文献出版社，1998，第311页。

③侯树栋等主编《党和国家关注的十四个重大课题》，人民出版社，2004，第284页。

三、列宁、斯大林的社会主义制度建设思想

列宁是继马克思恩格斯之后伟大的无产阶级革命家、理论家和思想家，在科学社会主义的发展史上，占有特殊重要的地位。他不仅站在他所处的时代高度从理论上探讨了社会主义革命首先在一国取得胜利的可能性，而且领导了十月革命，成为世界上第一个社会主义国家的主要缔造者，把社会主义从理论变成了现实，并进一步从理论与实践的结合上对经济文化落后国家如何建设社会主义的问题，进行了艰难而卓有成效的探索，创造性地提出了一系列建设社会主义的理论和原则。

（一）列宁关于建设社会主义制度的思想

1. 缔造了世界上第一个社会主义国家

20世纪初，列宁把马克思主义基本原理同俄国的具体实际相结合，领导俄国人民进行了十月革命，把马克思恩格斯提出的科学社会主义基本原则付诸实践，社会主义第一次从理想变成了现实。十月革命胜利后，列宁又对如何建设社会主义进行了深入的思考和艰苦的探索，为后来社会主义的发展提供了丰富的思想财富。

十月革命胜利后，摆在列宁面前的首要任务是如何将马克思主义同俄国的社会主义实践结合起来，正如列宁所指出的："现在一切都在于实践，现在已经到了这样一个历史关头：理论在变为实践，理论由实践赋予活力，由实践来修正，由实践来检验。"[①]列宁是这样说的，也是这样去做的，他没有囿于马克思恩格斯的某些具体论断，而是从俄国国情出发，

①《列宁全集》（第三十三卷），人民出版社，2017，第212页。

为社会主义过渡时期俄国社会主义制度的建立进行了许多有益的探索，其中以下几个方面对我国社会主义制度建设具有特别的借鉴意义：一是对俄国国情的正确判断。二是由此指出俄国处于向共产主义第一阶段过渡的时期。三是在过渡时期，有多种过渡方式，而“采用急躁轻率的行政手段和立法手段只会延缓这种过渡，给这种过渡造成困难”，初步探索了利用国家资本主义、保留资产阶级权利、发展市场经济和自由贸易等向共产主义第一阶段过渡的方式，提出国家垄断资本主义是向社会主义过渡的必经阶段。四是关于社会主义具体制度的一些思想主张和建设实践。五是列宁坚持马克思主义，发展马克思主义，大胆创新与时俱进的社会主义精神。列宁特别指出，“不要照搬我们的策略，而要独立地仔细考虑我们的策略为什么具有那些特点以及它的条件和结果……”[①]列宁的社会主义建设思想具有开创性的意义，并不可避免地对我国社会主义制度建设产生重要影响。

2. 对社会主义制度建设进行了深入思考

1916年，列宁关于社会主义革命“一国胜利论”，改变了马克思恩格斯认为经济文化落后国家走向社会主义必须要有发达资本主义国家首先或同时取得胜利的结论。十月革命前后，列宁就阐述了在生产力水平较低的条件下实现向社会主义直接过渡的构想。国内战争基本结束后，列宁摒弃战时共产主义政策，实行与社会生产力相适应的新经济政策，阐述了如何建设社会主义经济、政治、文化的新思想。

（1）在社会主义经济建设方面

第一，列宁提出了社会主义最根本的任务就是大力提高社会生产力。多次号召把工作重心转到经济文化建设上，把俄国建设成为现代化国家。

①《列宁全集》（第四十一卷），人民出版社，1986，第186页。

第二，列宁在对从农村到城市经济政策的调整中提出了建设社会主义经济的新认识。

第三，列宁提出社会主义国家应实行对外开放的经济政策。社会主义必须批判地继承全人类的一切优秀文明成果，充分利用资本主义国家的资本、技术设备和管理经验，促进国内社会主义经济的发展。

（2）在社会主义政治建设方面

第一，列宁认为必须坚持共产党的领导，加强党的建设，进行社会主义政治体制改革。

第二，列宁提出要加强党的监督，不断扩大和发展党内民主与人民民主。把对党的最高决策机关的监督与对国家权力机关的监督结合起来，从党内党外两个方面加强监督力度。

第三，列宁还提出了一些具体的政治措施。如党政分开、划清职权，权力下放、地方分权，精简机构、提高效率，加强法治、以法治国，选拔人才等改革党和国家领导机构的措施。

（3）在社会主义思想文化建设方面

第一，列宁提出了加强社会主义文化建设的宏伟任务。“要使整个苏维埃建设获得成功，就必须使文化和技术教育进一步上升到更高的阶段。”①

第二，列宁提出大力发展教育事业，尊重知识和人才，提高人民的文化水平与劳动技能。列宁关于俄国建立社会主义和建设社会主义的思想，坚持了社会主义方向和无产阶级专政，为落后国家跨越资本主义“卡夫丁峡谷”，最终消灭资本主义，提供了理论指导，对马克思主义的发展作出

①《列宁全集》（第三十八卷），人民出版社，1986，第176页。

了重大贡献。

3. 积极探索社会主义道路问题并最早提出改革开放思想

社会主义改革开放的首创人是列宁。十月革命胜利以后，经过多年对社会主义道路的探索，列宁发现自己开辟的社会主义道路存在着不少的问题。因此，他发现了改革对国家前途的重要性。在《论黄金在目前和社会主义完全胜利后的作用》一文中，列宁指出：革命是一种自下而上的、急风暴雨式的，“最彻底、最根本地摧毁旧事物”，而改革则是自上而下的，“审慎地、缓慢地、逐渐地来改造旧事物，力求尽可能少加以破坏”。[①]这里所提到的改良主义，实际上是指改革。针对党政机构中存在的问题，列宁指出必须对俄国的“政治制度作一系列的变动”，而且强调“今后在发展生产力和文化方面，我们每前进一步和每提高一步都必定要同时改善和改造我们的苏维埃制度”[②]。列宁创造性地提出了对外开放的思想，认为要加强同资本主义国家的经贸往来与合作，强调社会主义国家应该加强同其他国家的交流与合作，包括与资本主义国家的交流与合作。同资本主义国家合作主要是实行租让制，应该说租让制是社会主义国家实行对外开放的最初形式，这对恢复和发展本国经济起了重大作用。

（二）斯大林关于社会主义制度建设的思想

斯大林在领导苏联建立社会主义和建设社会主义的实践中，由于对社会主义基本特征的认识不足，在实践中形成了超越苏联经济社会发展水平、不利于社会主义建设发展的“斯大林模式”，但仍对如何建设社会主义、建成什么样的社会主义等问题进行了有益探索。

①《列宁选集》（第四卷），人民出版社，1995，第611页。

②《列宁选集》（第四卷），人民出版社，1995，第613页。

1. 在社会主义经济建设方面

第一，斯大林认为在工业落后的苏联，建立社会主义的经济基础是实现社会主义工业化。他主张实行高速度、高积累和高投入的方法，基本建设投资主要用于工业，片面发展重工业。

第二，斯大林强调应全力推进公有化进程，与工业化政策并进，建立社会主义公有制。在农村把农民个体经济纳入社会主义建设的总体系，以强制手段消灭了富农阶级，实现了农业全盘集体化，在城市采取各种措施消灭私营工商业中的资本主义成分。

2. 在社会主义政治建设方面

第一，斯大林把阶级斗争作为加快实现工业化的主要推动手段。建立了从最高领袖到地方基层政权严密控制、垂直领导的庞大的干部等级制。

第二，斯大林混淆了人民内部矛盾和敌我矛盾，以阶级斗争手段推动社会主义建设。

3. 在社会主义思想文化建设方面

为了配合高度集中的政治经济体制，斯大林领导苏联采取严格的集中控制和过多的行政干预，建立了高度集中的文化管理体制。

第一，通过对哲学界、教育人民委员部和学术文化团体的全面改组，苏联教育机构进一步专业化，学术文化团体行政化。

第二，夸大了意识形态的斗争，以简单的意识形态宣传取代独立的思想探索，思想观点的分歧和学术上的争论常常上升为政治斗争。斯大林坚持和发展了马克思主义的基本内容、基本原则及基本原理，但存在着对科学社会主义理论的教条理解和搬用，甚至在某些方面曲解了科学社会主义的基本原则和立场。苏联社会主义建设中各类弊端的积累，最终导致了苏联社会主义事业的失败。

4. 构建了苏联模式的社会主义制度

列宁逝世后，苏联人民在以斯大林为首的苏联共产党的领导下，实现了社会主义工业化和农业集体化，形成了一整套社会主义的制度，包括社会主义的基本制度和具体的体制、运行机制。人们一般把它叫作苏联社会主义模式或“斯大林模式”。苏联社会主义模式是苏联人民把科学社会主义基本原则同苏联具体国情相结合的产物。社会主义制度应该是什么样子的，马克思恩格斯只是根据社会发展规律，提出一些基本原则，如何把它付诸实践，人类历史上没有现成的答案，需要在实践中进行探索。十月革命胜利后列宁曾经进行过一些探索，但由于他不久就病重不能工作，探索只是开了个头，没有能够继续。所以，完整的社会主义制度是在斯大林领导下建立起来的。

（三）对苏联社会主义模式的评价

在国际共产主义运动中，毛泽东第一个提出对苏联的社会主义实践需要作具体分析，不能盲目照搬。他在世界社会主义各国纷纷照搬苏联模式的环境下，强调必须以苏联为鉴戒，结合中国国情进行探索，走自己的路。《论十大关系》就是一个理论探索，中国特色社会主义由此发轫。在赫鲁晓夫全盘否定斯大林的时候，又是毛泽东站出来捍卫斯大林的正确方面，强调苏联社会主义建设成绩是主要的，不能否定。“苏联那个主流，那个主要方面，那个大多数，是正确的。俄国产生了列宁主义，经过十月革命变成了第一个社会主义国家。它建设了社会主义，打败了法西斯，变成了一个强大的工业国。它有许多东西我们可以学。当然，是要学习先进经验，不是学习落后经验”，“对斯大林要三七开。他们的主要的、大量的东西，是好的，有用的；部分的东西是错误的”。[1]这是评价苏联社会主义模式唯一正确的、科学的方法。

苏联建立了以工人阶级为领导、以工农联盟为基础的无产阶级专政的政治制度，以生产资料公有制和按劳分配为特征的经济制度，以马克思列宁主义为指导的文化制度。这些是社会主义基本制度，它们反映了社会主义的本质特征和基本原则。

苏联社会主义模式中的具体制度，即具体的政治经济体制、运行机制，是社会主义基本制度的具体实现形式，是苏联人民把十月革命的普遍真理与苏联具体国情相结合的产物。这一类制度是在探索过程中建立起来的，这些具体制度必须进行具体分析。

苏联社会主义模式中有关社会主义基本制度的内容是正确的，不能否定，它是不同社会主义模式中共同的东西，只要搞社会主义，就应该坚持；有关具体体制、运行机制的内容则是有对有错，既不能一概肯定，也不能一概否定，我们不能照抄照搬，而应该科学借鉴。

正如江泽民所指出的，苏联的变化并不是科学社会主义的失败，而是放弃社会主义道路的结果，证明了民主社会主义的破产。

四、新中国成立后我们党对社会主义制度的理论探索和发展

中国特色社会主义是中国共产党几代领导集体长期探索的成果，因而

①《毛泽东文集》（第七卷），人民出版社，1999，第91页。

我们必须把中国特色社会主义放到我国社会主义事业的历史进程中进行考察。中国特色社会主义不是凭空产生的，它有其历史的渊源，我们不能割断历史。中国特色社会主义同改革开放前的社会主义实践是继承和发展的关系，没有后者也就不会有前者。

（一）毛泽东对社会主义的探索和贡献

毛泽东思想是中国革命和建设经验的总结，是中国共产党集体智慧的结晶。在纪念毛泽东诞辰120周年座谈会上，习近平对毛泽东的历史地位和毛泽东思想的当代价值进行了充分肯定，认为“毛泽东同志属于中国，也属于世界。他不仅赢得了全党全国各族人民爱戴和敬仰，而且赢得了世界上一切向往进步的人们敬佩”，“毛泽东思想以独创性理论丰富和发展了马克思列宁主义”。回顾和梳理毛泽东对中国社会主义建设道路作出的实践探索与理论贡献，对于我们继续推进中国特色社会主义，实现中华民族伟大复兴具有十分重要的意义。

以毛泽东为核心的党的第一代中央领导集体在社会主义制度建设中取得了一系列重大成就。十八大报告指出，以毛泽东为核心的党的第一代中央领导集体“在社会主义建设中取得的独创性理论成果和巨大成就，为新的历史时期开创中国特色社会主义提供了宝贵经验、理论准备、物质基础”。毛泽东思想是马克思主义同中国国情结合的理论结晶，是中国特色社会主义制度最切近的理论来源。

毛泽东探索中国社会主义制度建设的独创性理论贡献，概括地讲可以归纳为以下十个方面。

1. 提出把党和国家的工作重点转到社会主义建设和技术革命上来

革命的目的是解放和发展生产力，这是毛泽东从战争年代到社会主义建设时期都强调过的重要思想。在革命胜利前夕召开的党的七届二中全会上，他提出将工作重心由乡村转移到城市，并且以生产建设为中心任务。我国社会主义基本制度全面确立时，他再次宣布党和国家的中心任务就是搞建设。毛泽东认为，在我们这样一个落后的国家搞建设、发展生产力，关键靠科学技术。他把提高国家整体科学技术水平称作一个伟大革命——技术革命，甚至把它放到同社会政治革命同等重要的地位，认为不搞科学技术，生产力无法提高，还是要落后挨打。毛泽东的这些主张，是我们进入新的历史时期确立以经济建设为中心的先声。

2. 提出走自己的路，探索适合中国国情的社会主义建设道路

新中国成立初期，通过社会主义改造道路，建立起了社会主义基本经济制度。在怎样建设社会主义方面，由于没有经验，只能是学习苏联经验。但是，毛泽东很快就觉察到苏联模式的局限性，提出要以苏联的经验教训为鉴戒。他强调要“独立思考”，推动马列主义同中国实际“进行第二次结合”，找出适合中国国情的建设社会主义的道路。这种独立自主、走自己的路的思想，也成为改革开放后直至今天我们推进改革发展仍然坚持的一个基本立足点。

3. 提出社会主义社会的基本矛盾和主要矛盾，为确立社会主义社会的根本任务、改革和完善社会主义制度提供了理论依据

马克思主义经典作家没有论述过社会主义社会的矛盾问题，斯大林甚至在相当长的时间内否认社会主义社会存在矛盾。毛泽东对此作出明确论断：“社会主义社会仍然存在矛盾，社会矛盾是社会主义的发展动力；社会主义社会的基本矛盾，仍然是生产关系和生产力、上层建筑和经济基础之间的矛盾，可以通过社会主义制度本身的不断完善得到解决；社会主义建设时期的主要矛盾，是人民对于经济文化迅速发展的需要同当前经济文

化不能满足人民需要的状况之间的矛盾。”毛泽东关于社会主义社会基本矛盾和主要矛盾的理论，为我们通过改革促进社会主义制度的自我完善与发展提供了理论依据。

4. 提出社会主义现代化建设分两个步骤，进而提出中国社会主义的发展分两个阶段，为确立社会主义现代化发展战略和社会主义初级阶段理论作了理论准备

关于我国社会主义所处的历史阶段和所经历的发展步骤，是毛泽东在20世纪50年代中期以后多次思考的问题。他的规划和设想是建设社会主义分两步走：第一步，建立独立的比较完整的工业体系和国民经济体系；第二步，建成一个具有现代农业、现代工业、现代国防和现代科学文化的社会主义强国。在所需时间上，毛泽东最初设想，十五年打下基础，五十年实现现代化，此后又提出，要一百年，或者更多的时间。与这种思考相联系，毛泽东还提出中国社会主义的发展可以分为两个阶段：第一个阶段是不发达的社会主义，第二个阶段是比较发达的社会主义。毛泽东的社会主义社会阶段论和实现社会主义现代化分两个步骤的设想，为改革开放后“三步走”发展战略提供了思想来源。

5. 提出社会主义社会还存在商品生产和商品交换，要尊重价值法则，大力发展商品生产

毛泽东在完成生产资料所有制的社会主义改造时就提出：“可以搞国营，也可以搞私营。可以消灭了资本主义，又搞资本主义。”[①]后来，他又把这个想法聚焦在商品经济问题上，指出：“需要有一个发展商品生产的阶段……必须肯定社会主义的商品生产和商品交换还有积极作用。”[②]

①《毛泽东文集》（第七卷），人民出版社，1999，第170页。
②《毛泽东文集》（第七卷），人民出版社，1999，第436页。

针对那种将商品经济与资本主义混为一谈的错误观点，他指出："商品生产，要看它是同什么经济制度相联系，同资本主义制度相联系就是资本主义的商品生产，同社会主义制度相联系就是社会主义的商品生产。"①他明确提出："现在要利用商品生产、商品交换和价值法则，作为有用的工具，为社会主义服务。"②这些正确主张，为我们党在新的历史时期实行经济体制改革，进而确立社会主义市场经济体制提供了认识准备。

6. 提出社会主义建设要处理好一系列重大关系，必须采取统筹兼顾的方针，统筹兼顾方针成为我们今天推动经济社会发展的根本方法

毛泽东提出，统筹兼顾，调动一切积极力量建设社会主义，这是一个战略方针。他在《论十大关系》和《关于正确处理人民内部矛盾的问题》等著作中，系统论述了社会主义建设中带有全局性的重大关系，强调要用马克思主义唯物辩证法来处理好这些重大关系，既坚持两点论，又坚持重点论。从毛泽东的论述看，统筹兼顾，不但是经济建设的战略方针，而且是全面建设社会主义的战略方针。我们今天推动经济社会全面协调可持续发展，强调遵循统筹兼顾这个根本方法，即源于此。

7. 提出正确处理人民内部矛盾的重要思想，对我们今天处理好新形势下的人民内部矛盾具有重要指导意义

在实现社会主义改造任务以后，大规模的急风暴雨式的阶级斗争基本结束，人民内部矛盾越来越明显地突出出来。毛泽东对此提出了正确处理人民内部矛盾的重要思想，他指出：要严格区分和正确处理敌我矛盾和人民内部矛盾，这两类矛盾性质不同、解决方法不同；在社会主义根本政治制度和经济制度建立后，敌我矛盾已不是主要矛盾，大量的是人民内部矛

①《毛泽东文集》（第七卷），人民出版社，1999，第439页。
②《毛泽东文集》（第七卷），人民出版社，1999，第435页。

盾，要把正确处理人民内部矛盾作为国家政治生活的主题。这些主张，对于我们今天正确处理新形势下人民内部矛盾、不断提高群众工作水平，具有重要指导意义。

8. 提出搞好民主集中制，造成又有集中又有民主的生动活泼的政治局面

毛泽东认为，形成有利于社会主义建设的良好政治局面，关键是要搞好民主集中制。我们党胜利了，很容易忽略民主。为此，他提出：没有集中和统一是不行的，但同时必须想些办法扩大民主，使人民敢于讲真话，敢于批评。“人民的政治情绪，人民跟政府的关系，领导者跟被领导者的关系，人民与人民之间的关系，将是一种合理的、活泼的关系。”[①]毛泽东还把他希望达到的目标概括为：“造成一个又有集中又有民主，又有纪律又有自由，又有统一意志、又有个人心情舒畅、生动活泼，那样一种政治局面。”[②]这些主张，对于我们今天推进社会主义民主政治建设，具有重要的启发意义。

9. 提出“百花齐放、百家争鸣”“古为今用、洋为中用”的文化方针

毛泽东认为，社会主义中国必须坚持马克思主义在思想意识形态领域的指导地位，但是对于艺术和学术上的问题，不能用行政命令去压制和禁止，必须坚持“百花齐放，百家争鸣”的方针。“百花齐放，百家争鸣”，是促进艺术发展和科学进步的方针，是促进我国社会主义文化繁荣发展的方针。在文化建设上，毛泽东还提出，要批判地继承历史文化

①逄先知、金冲及编《毛泽东传（1949—1976）》（上），中央文献出版社，2003，第652页。

②逄先知、金冲及编《毛泽东传（1949—1976）》（上），中央文献出版社，2003，第715页。

遗产，取其精华，去其糟粕，做到古为今用；同时要学习借鉴外国进步文化，做到洋为中用，使之具有中国特点和民族风格。这些思想对于我们今天推动社会主义文化大发展大繁荣，仍然具有重要指导意义。

10. 提出保持“两个务必”、密切党和人民群众血肉联系等一系列加强执政党建设的要求

如何保持马克思主义先进政党的本色不变质，如何保持党同人民群众的血肉联系，是毛泽东始终思考和探索的重大问题。早在革命胜利前夕，他就告诫全党，必须牢记“两个务必”。新中国成立后，他一直对我们党可能出现的脱离群众的现象保持高度警惕，对一些党员干部的官僚主义作风深恶痛绝。他将党群关系提到关系党和国家事业兴衰成败的高度：“如果党群关系搞不好，社会主义制度就不可能建成；社会主义制度建成了，也不可能巩固。”①“一定要每日每时关心群众利益，时刻想到自己的政策措施一定要适合当前群众的觉悟水平和当前群众的迫切要求。”②他强调，领导干部要以普通劳动者的姿态出现，才能保持同人民群众的鱼水关系。这些深邃思想和战略考虑，对于我们今天保持党同人民群众的血肉联系，开展群众路线教育活动，仍然具有十分重要的指导意义。

对中华人民共和国成立到改革开放以前的历史，党的十八大报告作出过正式总结：“以毛泽东同志为核心的党的第一代中央领导集体带领全党全国各族人民完成了新民主主义革命，进行了社会主义改造，确立了社会主义基本制度，成功实现了中国历史上最深刻最伟大的社会变革，为当代中国一切发展进步奠定了根本政治前提和制度基础。在探索过程中，虽然经历了严重曲折，但党在社会主义建设中取得的独创性理论成果和巨大成

①中共中央文献研究室编《毛泽东著作专题摘编》，中央文献出版社，2003，第289页。
②《毛泽东文集》（第八卷），人民出版社，1999，第33页。

就，为新的历史时期开创中国特色社会主义提供了宝贵经验、理论准备、物质基础。”①

（二）邓小平对社会主义的探索和贡献

“文化大革命”结束以后，邓小平在新的形势下，继承和发展了毛泽东思想，提出了改革开放，开创了中国特色社会主义事业。应该说，中国特色社会主义，作为一个理论体系，是邓小平首先创立的。在中国特色社会主义理论指导下，又形成了党的基本路线、基本纲领。用邓小平的话来说，他是“把毛泽东同志已经提出、但是还没有做的事情做起来，把他反对错了的改正过来，把他没有做好的事情做好……当然，我们也有发展，而且还要继续发展”②。这生动地表明了中国特色社会主义同我国改革开放前的社会主义实践的关系。邓小平理论对中国特色社会主义制度的确立、完善产生了至关重要的作用，是中国特色社会主义制度的直接理论来源。其对社会主义制度建设的理论探索和贡献如下：

1. 丰富和发展了马克思主义理论

邓小平在探索建立中国特色社会主义制度的过程中，从不同层面提出了关于政治、经济、文化方面的思想、言论。在经济发展上，他打破了固有传统，把非公有制和市场经济引入到社会主义发展上来，这对于社会主义的发展是项突破；在政治建设上，他打破苏联模式，废除领导干部职务的终身制，促进党政分离，不断探索还利于民的政治改革，这是对既往政治制度缺陷的弥补，促进了马克思主义理论的丰富和发展。在中国近现代历史的发展过程中，邓小平以其智慧挽救了党，挽救了中国。邓小平的个

①《中国共产党第十八次全国代表大会文件汇编》，人民出版社，2012，第10页。

②《邓小平文选》（第二卷），人民出版社，1994，第300页。

人言论和在任期间的决策构成了邓小平理论的主要内容。邓小平的言论和决策是其把马克思主义理论和中国的具体实际相结合后的重要思想成果，其个人思想在中共十一届三中全会之后经过不断的深化和发展，逐渐形成邓小平理论的重要组成部分。邓小平理论又构成了当代中国特色社会主义理论体系的主要内容，成为马克思主义中国化的两大理论成果之一。总体来讲，邓小平个人为马克思主义在中国的丰富和发展作出了卓越的贡献，他发展完善中国特色社会主义制度，这一过程实质就是对马克思主义的丰富和发展。

2. 充分发挥了社会主义制度的优越性

中国特色社会主义的制度优势不仅体现在经济制度、政治制度两个方面，也体现在文化、社会等各个方面、各个领域。

从经济制度来看，我们不仅逐步确立了公有制为主体、多种所有制经济共同发展的基本经济制度，适应了我国现阶段生产力发展水平，充分调动了各方面积极性，极大地解放和发展了社会生产力，而且确立了社会主义市场经济体制的改革目标，把市场经济与社会主义基本制度结合起来，既注重发挥市场在资源配置中的基础性作用，又注重加强国家的宏观调控。

从政治制度来看，我们坚持把党的领导、人民当家作主和依法治国统一起来，建立并不断完善了人民代表大会制度、中国共产党领导的多党合作和政治协商制度、民族区域自治制度以及基层群众自治制度等一整套政治制度。它既吸收了中国传统政治文化的精华和人类政治文明的有益成果，又克服了其中的弊病和不足；既充分尊重和保障个人民主权利，又能形成共同意志，集中力量办大事；既充满活力又富有效率，适应了我国人口和民族众多，经济、社会、文化不发达，区域发展不平衡，传统文化影响深厚等现实状况。

从理论上讲，社会主义制度具有资本主义不可比拟的巨大优越性。首先，社会主义经济适应了先进生产力的发展要求；其次，社会主义政治制度代表了劳动者的根本利益；第三，社会主义文化代表了社会主义先进文化的前进方向。

从实践上讲，社会主义的基本制度建立起来，并不等于人们对社会主义本质的认识就完全搞清楚了，也不等于社会主义优越性就能自然而然地发挥了。社会主义的优越性不是论证出来的，不是自我标榜出来的，也不是在对资本主义或其他剥削阶级占统治地位的社会进行批驳、谩骂中体现出来的，而是在实践中实干出来的。社会主义优越性还表现为社会主义制度具有自我完善、发展和创新的能力。

3. 赋予社会主义制度以鲜明的中国特色

科学社会主义包含理论、实践、制度三种形态。任何一种形态的丰富和发展都要与其所处的历史时代相融合，只有这样，这三种形态才会得以继承和发展。马克思主义理论不是教条，而是指导共产党行动的指南，这就要求任何国家的共产党在认识和运用马克思主义理论的时候都要以所在国的客观条件为依据。邓小平正是在认识这一点的基础上，逐渐地结合中国国情，让国家既保证社会性质又体现中国特色，逐步推进了中国特色社会主义制度的发展和完善。

第一，邓小平结合中国国情，作出了我国还处于社会主义初级阶段的正确判断，并提出巩固和发展社会主义制度，还需要经历一个很长的历史阶段。1981年，邓小平首次提出，“我们的社会主义制度还处于初级阶段”，这个阶段是未来共产主义社会的第一阶段，即社会主义的初级阶段，“就是不发达的阶段。一切都要从这个实际出发，根据这个实际来制定规划”。

第二，坚持并发展了社会主义社会基本矛盾理论。邓小平指出：“关于基本矛盾，我想现在还是按照毛泽东同志在《关于正确处理人民内部矛盾的问题》一文中的提法比较好。毛泽东同志说：‘在社会主义社会中，基本的矛盾仍然是生产关系和生产力之间的矛盾，上层建筑和经济基础之间的矛盾。’当然，指出这些基本矛盾，并不就完全解决了问题，还需要就此作深入的具体的研究。”邓小平从生产力出发，彻底破除了社会主义的空想，将“倒过来的革命”恢复了原貌。同时，邓小平深刻地阐明了社会主义基本制度与具体体制的区别和联系，为社会主义改革和中国特色社会主义制度的确立奠定了科学的基础，并提出了改革是社会主义制度的自我完善和发展的思想。

第三，对社会主义本质的探索，确立了社会主义的四个原则：发展生产力、共同富裕、公有制占主体、和平发展。四个原则既体现了中国生产力落后、经济基础薄弱的基本国情，又体现了社会主义的基本特征与价值追求，是中国共产党人社会主义观的新发展。

第四，社会主义与市场经济没有根本矛盾。发展社会主义市场经济，建立和完善社会主义市场经济体制，是中国特色社会主义理论体系的一个重大创新。邓小平提出：“社会主义和市场经济之间不存在根本矛盾。问题是用什么方法才能更有力地发展社会生产力。”1992年初邓小平南方谈话则最终从根本上解除了把计划经济和市场经济看作属于社会基本制度范畴的思想束缚。

可以说，中国特色社会主义制度是从新中国成立后开始建立和形成、在改革开放时期逐步丰富和完善的社会主义制度体系，是社会主义中国发展进步的根本制度保障，集中体现了中国特色社会主义的性质。丢了中国特色，中国就会走封闭僵化的老路；丢了社会主义，中国就会走改旗易帜的邪路。邓小平正是坚持了只有中国特色社会主义才能发展中国这一坚定的信念，才促进了中国特色社会主义制度的发展完善。中国特色社会主义制度的确立向世人证明，在中国共产党的领导下，中华民族坚持一切从实际出发，保持社会主义在中国发展过程中和中国的具体实际相结合，在坚持社会主义制度不变的前提下，中国人民蹚出了一条适合国家发展的道路。

4. 形成中国特色社会主义理论体系的核心内容

在马克思主义和社会主义的发展历史上，中华民族所作出的贡献应当是占有极其重要的历史地位的。中华民族经历了近百年的探索，终于发现只有社会主义才能救中国，只有中国共产党才能领导中国人民走出困境。中国共产党在领导中国人民革命和建设的过程中逐渐形成了毛泽东思想和中国特色社会主义理论体系，后者是马克思主义中国化的最新成果，是指导当代中国建设的重要指南。在中国特色社会主义理论体系中，邓小平对党和国家发展建设方面的贡献是伟大的，中国共产党把其建设有中国特色社会主义为主题的思想理论归纳总结为邓小平理论。他对于发展完善中国特色社会主义制度所作的理论贡献内容，是构成邓小平理论的重要组成部分，从某种意义上来说，是中国特色社会主义理论体系的开篇巨作。邓小平完成了由个人思想到理论的集结，从而形成了中国特色社会主义理论体系的基本架构。

5. 为中国特色社会主义制度进一步完善奠定理论基础

2011年胡锦涛在庆祝中国共产党成立90周年大会上首次提出中国特色社会主义制度，表明中国已从“摸着石头过河”的探索状态，进入到把握中国特色社会主义建设基本规律的自觉状态。中国特色社会主义制度是包含政治、经济、文化等基本制度和各项具体制度在内的制度，是中国沿着社会主义道路前进的制度保障，是当代中国快速发展、应对国内外挑战、维护国家和平统一的制度保障。中国特色社会主义制度的发展和完善离不开理论的指导，但这一理论必须基于马克思主义意识形态、社会主义本质，立足中国现实国情，符合上述要求的理论只能是中国特色社会主义理论体系。正是在其正确指导下，中国共产党才设计出具有中国特色的制度体系。邓小平作为邓小平理论的主要创立者，他对于中国特色社会主义制度的发展和完善的理论贡献是巨大的，为中国特色社会主义制度进一步完善奠定了理论基础。

6. 邓小平是中国和平发展道路的奠基人

新中国成立初期，毛泽东指出："中国是农业国，要变为工业国需要几十年，需要各方面帮助，首先需要和平环境。"并表示了愿意同一切主张和平的国家合作，"用和平的方法来解决存在的问题"，但由于主客观环境的变化，毛泽东改变了最初对战争与和平的估计，认为战争不可避免，甚至迫在眉睫。邓小平复出后，一方面对时代主题进行了新的判断，提出和平与发展是当代世界两大主题；另一方面，提出"我们搞的是有中国特色的社会主义，是不断发展社会生产力的社会主义，是主张和平的社会主义"。这就把坚持中国特色社会主义同发展生产力与维护世界和平统一起来，将和平发展上升到中国特色社会主义的本质属性与价值追求的高度。此外，邓小平将十一届三中全会以来建设有中国特色社会主义的一整套理论、路线、方针、政策归纳为"中国的发展路线"。这条路线要解决的是中国的发展问题，这也是当代中国马克思主义的伟大历史使命。

改革开放以后，邓小平通过总结新中国成立以来的建设经验和教训，试图通过改革建立起一套适合中国国情的社会制度，从而在和资本主义的对抗中彰显社会主义的优势。从改革之初的"建设有中国特色的社会主义"，到1992年的南方谈话，邓小平以其伟人的智慧深刻阐述了关于建设有中国特色社会主义制度的观点，为形成具有中国特色的社会主义经济、政治、文化和社会制度奠定了思想基础，也为建设和发展中国特色社会主义、增强中国特色社会主义制度的吸引力和凝聚力奠定了基础。研究邓小平发展完善中国特色社会主义制度的理论贡献价值及启示，对坚持和完善中国特色社会主义制度，增强中国特色社会主义制度的自信具有重要的理论和现实意义。邓小平将先进的社会主义理论同中国基本国情相结合，走出了一条独具特色的社会主义发展道路，是新时期马克思主义同中国社会主义实践结合的典范。同时，邓小平理论同马克思主义一样，具有与时俱进的品质。它要求我们根据变化了的时代，研究新情况，解决新问题，这是马克思主义的生命力所在，是中国特色社会主义制度的命运所系。20世纪中叶新中国成立、社会主义改造基本完成，标志着社会主义制度基本建立。

总而言之，毛泽东是中国社会主义制度的开创者和奠基人，他创立的社会主义制度具有中国特色。邓小平继承和发展了毛泽东开创的事业，对中国特色社会主义制度的完善与发展作出重大贡献，开辟中国特色社会主义道路，为中国特色社会主义制度的形成发展提供了根本前提。邓小平在改革开放的过程中，依据中国的特殊国情不断地进行探索，在其探索过程中提出建设中国特色社会主义，这成为后来发展完善社会制度的前提条件。邓小平在探索中国特色社会主义的实践过程中，尽管不断在政治、经济领域实施改革，但改革的前提条件是坚持社会主义性质不动摇，在保证这个大的前提下进行改革制度创新，完善中国特色社会主义制度体系。邓小平对不适合时代发展的旧制度勇于废止，对适应新时代发展的制度勇于创新制定，正因为如此，中国特色社会主义制度才得到了不断的丰富和完善。当中国社会徘徊不前、无法探明前进方向的时候，是邓小平以非凡的勇气和智慧挽救了我们的党和国家，其丰功伟绩将永远闪耀着光芒。

第二章 中国特色社会主义制度的发展历程

习近平总书记在十二届全国人大一次会议闭幕会上提道："这就是中国特色社会主义道路。这条道路来之不易，它是在改革开放30多年的伟大实践中走出来的，是在中华人民共和国成立60多年的持续探索中走出来的，是在对近代以来170多年中华民族发展历程的深刻总结中走出来的，是在对中华民族5000多年悠久文明的传承中走出来的，具有深厚的历史渊源和广泛的现实基础。"①

可以说，中国的历史，是一部中国人民为着强国之梦不懈奋斗、百折不回的历史，是一部中国人民为着民主自由不屈不挠、奋起抗争的历史。历史让中国人民最终选择了中国共产党的领导，实践也证明了中国人民的正确选择。跟着中国共产党走中国特色的社会主义道路，建立中国特色的社会主义制度，百年颠沛后一个崭新的中国又重新屹立在了世界的东方。

①习近平：《习近平谈治国理政》，外文出版社，2014，第39—40页。

一、中国特色社会主义制度的奠基

社会主义基本制度在中国无法一蹴而就、一步到位，需要经历一个社会主义基本制度的过渡形式，主要经历了由苏维埃制到新民主主义制度的转变。毛泽东立足于中国半殖民地半封建社会的基本国情、中日民族矛盾激化的历史条件变化和我们党对中国革命和社会改造的经验教训，提出“新民主主义”的命题，逐渐形成了以新民主主义革命作为中国社会改造的实践载体，通过新民主主义革命通向社会主义革命，在新民主主义制度基础上确立社会主义基本制度的实践思路。

在中国确立和巩固社会主义制度是中国共产党的奋斗目标和价值理想。新中国成立前夕，党和毛泽东根据中国实际对即将建立的新中国社会制度作了具体构想：伴随社会主义改造的基本完成社会主义基本制度建立，奠定当代中国一切发展和进步的根本制度基础。社会主义建设时期对社会主义经济建设进行探索，为新时期中国特色社会主义制度的创新和发展提供历史经验。

（一）关于新中国政治经济制度的基本构想

国家制度对社会发展具有根本性、长期性的决定作用。马列主义认为：“一切革命的根本问题是国家政权问题，不弄清楚这个问题，便谈不上自觉地参加革命，更不用说领导革命。”[①]中国革命胜利后，建立一个什么样的国家，这是党和毛泽东在长期的革命实践中认真思考和研究的一个重要问题。按照毛泽东新民主主义理论，中国革命的目的是在推翻帝国

---

①《列宁选集》（第三卷），人民出版社，1995，第19页。

主义、封建主义、官僚资本主义的统治之后建立一个以劳动者为主体的，人民大众的新民主主义共和国。毛泽东经过系统的分析和总结，科学论证和建立了新中国的国家制度。

1. 对新中国政治制度的构想

第一，提出了建立适合中国国情的国体，即人民民主专政的思想。新民主主义革命时期的国体是各革命阶级的联合专政。在革命胜利后这一制度将向前推进，即“在一个长时期中，将产生一个对于我们是完全必要和完全合理同时有区别于俄国制度的特殊形态，即几个民主阶级联盟的新民主主义的国家形态”[①]。1948年在西柏坡召开的中央九月会议上，毛泽东第一次提出，中国革命胜利后，要建立无产阶级领导的以工农联盟为基础的人民民主专政的国家。人民的主体部分就是工人阶级、农民阶级、小资产阶级和民族资产阶级，主要是工农联盟。《论人民民主专政》《共同纲领》《中华人民共和国宪法》规定：中华人民共和国是工人阶级领导的，以工农联盟为基础的人民民主专政的国家。

第二，提出了建立适合中国国情的政体，即人民代表大会制度。1940年1月，毛泽东在《新民主主义论》中明确指出，新民主主义共和国的“国体——各革命阶级联合专政”，“政体——民主集中制”，“没有适当形式的政权机关，就不能代表国家”[②]。毛泽东说：“议会制，袁世凯、曹锟都搞过，已经臭了。”“我们采用民主集中制，而不采用资产阶级的议会制”[③]。他认为，为了与人民民主专政的国体相适应，政体应该采用民主集中制的人民代表会议制度，中央和地方各级政府都应当由各级

①《毛泽东选集》（第三卷），人民出版社，1991，第1062页。
②《毛泽东选集》（第二卷），人民出版社，1991，第677页。
③《毛泽东文集》（第五卷），人民出版社，1996，第136页。

人民代表大会选举产生。实践证明，人民代表大会制度可以使人民有效参与国家的管理，是适合中国国情的。

第三，阐述了中国共产党领导的多党合作与政治协商制度的政党制度。同人民民主专政的国体相适应的政党制度应是中国共产党领导的多党合作和政治协商制度。“1949年初，党中央和毛主席考虑联合政府的组成时，曾设想过在联合政府中，中共与进步分子合为2/3，中间与右翼占1/3。”[①]毛泽东指出：统一战线既是民主革命胜利的法宝，也是社会主义建设事业顺利发展的法宝。在中共七届二中全会上，毛泽东向全党阐明了我党对民主党派的政策，即“我党同党外民主人士长期合作的政策，必须在全党思想上和工作上确定下来”[②]。这些同党外民主人士长期合作的政策在中共七届二中全会决议中得到正式确认，为中国共产党领导的多党合作与政治协商制度的正式形成奠定了理论基础。

第四，阐述了科学构建国家结构形式，建立民族区域自治制度的构想。中国是56个民族共同组成的多民族共同体，各民族团结互助共同推进历史向前发展。毛泽东根据中国的实际，在新中国采取“单一制”的国家结构形式，同时在统一的国家内实行民族区域自治制度。1937年8月，毛泽东在为中共中央宣传部起草的关于形势与任务的宣传鼓动提纲中明确提出：“动员蒙民、回民及其他少数民族，在民族自决和自治的原则下，共同抗日。”[③]这一主张被中央政治局扩大会议采纳，并写入《抗日救国十大纲领》。1945年，毛泽东在中共七大政治报告中进一步强调：“改善国内少数民族的待遇，允许各少数民族有民族自治的权利。”[④]1949年9月，

---

① 薄一波：《若干重大决策与事件的回顾》（上卷），中共中央党校出版社，1991，第32页。
②《毛泽东选集》（第四卷），人民出版社，1991，第1437页。
③《毛泽东选集》（第二卷），人民出版社，1991，第355页。
④《毛泽东选集》（第四卷），人民出版社，1991，第1238页。

民族区域自治这一建立新型民族关系的重大决策写入《共同纲领》，规定在国家统一领导下，“各少数民族聚居的地区，应实行民族的区域自治，按照民族聚居的人口多少和区域大小，分别建立各种民族自治机关”[①]。毛泽东强调，我们要“切实帮助少数民族地区发展经济建设和文化建设”，“要搞好汉族和少数民族的关系，巩固各民族的团结，来共同努力与建设社会主义祖国”。[②]

2. 对新中国经济制度的构想

第一，关于新民主主义经济的性质。新民主主义社会经济成分主要有国营经济、合作社经济、个体经济、私人资本主义经济和国家资本主义经济等五种经济成分，其根本特征就是多种经济成分并存。《共同纲领》明确规定：“国营经济为社会主义性质的经济，为人民共和国发展生产繁荣经济的主要物质基础和整个社会经济的领导力量。”毛泽东在中央九月会议上指出：“我们的社会经济的名字还是叫‘新民主主义经济’好。”[③]因此，我们社会经济中起决定作用的是国营经济、公营经济，这些经济是社会主义性质的，整个国民经济是社会主义性质的。毛泽东指出：“不要以为新民主主义经济不是向社会主义发展，而认为是自由贸易、自由竞争、向资本主义发展，那是极其错误的，我们历来反对。”[④]发展新民主主义经济既要坚定不移地坚持社会主义方向，又要谨慎、稳重，不要急于社会主义化。

第二，关于新民主主义的经济结构。新民主主义的经济结构是以社

①中共中央文献研究室编《建国以来重要文献选编》（第一册），中央文献出版社，1992，第12页。

②《毛泽东文集》（第五卷），人民出版社，1996，第278页。

③《毛泽东文集》（第五卷），人民出版社，1996，第139页。

④中共中央文献研究室编《建国以来重要文献选编》（第一册），中央文献出版社，1992，第12页。

会主义国营经济为主导、多种所有制经济并存。关于新民主主义经济成分的构成及其作用，毛泽东指出："新中国的经济构成，首先是国营经济，第二是由个体向集体发展的农业经济，第三是私人经济。"[①]对此，毛泽东在中共七届二中全会的报告中具体加以说明，国营经济是社会主义性质的，合作社经济是半社会主义性质的，加上私人资本主义，加上个体经济，加上国家和私人合作的国家资本主义经济，这些就是中华人民共和国的几种主要的经济成分，这些就构成新民主主义的经济形态。在这几种经济成分中，国营经济是领导成分，农村个体经济和城市私人经济数量大，但不起决定作用。新民主主义经济制度是一个从中国国情出发的制度设计，它强调利用市场机制的重要性，容许多种经济成分的并存，以建立社会主义计划经济体制为目标。

新民主主义的发展方向是社会主义。毛泽东在新中国成立前夕设计的根本政治制度和基本经济制度的框架和基本思路，为我国成功实现由新民主主义向社会主义的过渡奠定坚实的基础。

（二）中国社会主义基本制度的确立

从《共同纲领》出台到"五四宪法"制定实施再到社会主义改造胜利完成，我国社会主义基本制度框架开始确立。毛泽东关于新中国政治经济制度的科学构想由抽象变为具体，由原则成为制度，由蓝图化为现实。

1. 社会主义政治制度的确立

第一，人民民主专政在全国的确立。1949年9月，中国人民政治协商会议第一届全体会议颁布了《共同纲领》。《共同纲领》以国家临时宪法

①《毛泽东文集》（第五卷），人民出版社，1996，第140页。

的地位规定了国家的政权性质："中华人民共和国为新民主主义即人民民主主义的国家，实行工人阶级领导的，以工农联盟为基础的、团结各民主阶级和国内各民族的人民民主专政。"[①]由此，"革命根据地的人民民主专政，变成了全国人民民主专政"[②]。人民民主专政由一种科学构想和局部实践变成具体现实并在全国实践。人民民主专政使人民真正成为国家的主人的同时把民主和专政两个方面内容都展现出来，兼具无产阶级专政与统一战线原则两种优势，为社会主义民主政治的发展提供制度的基础。"五四宪法"用国家根本大法的形式把人民民主专政的根本原则明确规定下来，保证了中国人民经过新民主主义革命长期浴血奋斗所取得的民主成果。

第二，人民代表大会制度的确立。由于受主客观条件的限制，新中国政体在实践中并没有伴随着国体的确立同时建立，而是采取了在中央通过中国人民政治协商会议全体会议、在地方通过逐级召开人民代表会议的方式，逐步地向人民代表大会制度过渡。1954年，《中华人民共和国宪法》及《中华人民共和国全国人民代表大会组织法》的颁布，标志着人民代表大会制度在宪法层面在国家制度体系中的正式确立。这一政体制度与人民民主专政的人民主权原则相适应，为人民当家作主提供根本的政治保障。

第三，中国共产党领导的多党合作和政治协商制度的形成。1948年4月，中共中央发布纪念"五一"节口号，民主党派放弃中间路线转向坚定拥护中国共产党的领导，这是中国共产党领导的多党合作制度的形成发展史上标志性事件。1949年9月，中国人民政治协商会议的召开，标志着中国共产党领导的多党合作和政治协商制度在政治上、组织上的正式形成，

①《建国以来毛泽东文稿》（第一册），中央文献出版社，1992，第2页。

②《建国以来毛泽东文稿》（第六册），中央文献出版社，1992，第141页。

从这一过程我们看出中国政党制度的形成不是来自于外力作用，而是当时的社会条件和阶层力量关系导致的，是完全国情化的制度生成。这是我国社会主义制度非常突出的制度特色和优势。1954年通过的《中华人民共和国宪法》，对我国的政党问题作了明确规定："我国人民在建立中华人民共和国的伟大斗争中已经结成以中国共产党为领导的各民主阶级、各民主党派、各人民团体的广泛的人民民主统一战线。今后在动员和团结全国人民完成国家过渡时期总任务和反对内外敌人的斗争中，我国的人民民主统一战线将继续发挥它的作用。"[①]用根本大法的形式，确立了中国共产党领导的多党合作与政治协商制度。

第四，民族区域自治制度的确立。《共同纲领》明确规定："各少数民族聚居的地区，应实行民族的区域自治，按照民族聚居的人口多少和区域大小，分别建立各种民族自治机关。"[②]以法律形式确立了民族区域自治制度在国家政治格局中的地位。新中国成立以后，国家制定了大量相关的民族区域自治的法律法规促进该制度的实施，在少数民族聚居的地方全面推选民族区域自治。1954年通过的《中华人民共和国宪法》更为全面地规定了民族区域自治的具体实施原则，民族区域自治制度由此迈出了关键性的一步。随后，国务院又根据《共同纲领》精神和《中华人民共和国宪法》，于1955年12月发出《国务院关于更改相当于区的民族自治区的指示》《国务院关于建立民族乡若干问题的指示》和《国务院关于改变地方民族民主联合政府的指示》，到1956年我国基本形成全国统一的民族自治体制，基本确立了民族区域自治制度的框架。1955年10月1日，新疆维吾

①中共中央文献研究室编《建国以来重要文献选编》（第五册），中央文献出版社，1993，第521页。

②中共中央文献研究室编《建国以来重要文献选编》（第一册），中央文献出版社，1992，第12页。

尔自治区成立。1958年3月广西壮族自治区成立，1958年10月宁夏回族自治区成立，1965年9月，西藏自治区成立。除了五个自治区，全国各少数民族聚居地区还先后建立了30个自治州，120个自治县（自治镇）以及作为补充形式的1125个民族乡。[①]至此，少数民族区域自治制度在我国全面建立起来。

2. 社会主义法制的确立

新中国成立后，急剧变化的经济、政治、社会关系急需法律规范的调节，为适应新情况，维护新的社会关系和社会秩序，如何坚持把马克思主义法律思想与我国社会主义法制建设的实际相结合，建立符合本国国情的法律制度成为当务之急。《共同纲领》是新中国的政治基石，“是目前时期全国人民的大宪章”[②]。根据《共同纲领》，建立了中央国家机关和地方各级人民政府，开展了全国范围内的法制建设，先后制定了地方各级人民政府和司法机关的组织通则。在社会经济领域制定了婚姻法、劳动保护法、工会法、土地改革等法律；在政治领域制定选举法、民族区域自治条例和各项权力机关组织法。“五四宪法”确立了新中国“一府两院”的权力框架和相互关系准则，制定了有关国家机关和国家制度的各项重要法律。1956年中央八大召开前，我国经济立法取得显著成效，民法立法框架已经基本形成，刑事立法初步展开，诉讼立法也开始启动，我国逐步形成了以宪法为核心的社会主义法律框架。这些法律法规为新政权和社会主义制度的巩固和发展创造了条件，对维护新型社会主义关系和秩序起到良好的效果，对中国特色社会主义法律体系的形成也具有奠基意义。

---

①参见国家民委经济发展司、国家统计局国民经济综合统计司：《中国民族统计年鉴》，民族出版社，2008，第877页。

②《刘少奇选集》（上卷），人民出版社，1981，第434页。

3. 社会主义经济制度的确立

新中国成立到1956年三大改造完成，中国建立了单一的公有制结构和计划经济体制。

第一，社会主义所有制结构的确立。《共同纲领》规定新中国成立后，我国的经济结构为国营经济、合作社经济、农民和手工业者的个体经济、私人资本主义经济和国家资本主义经济，“各种社会经济成分在国营经济领导之下，分工合作，各得其所，以促进整个社会经济的发展”[①]。其中，国营经济为社会主义性质的经济，是整个社会经济的领导力量，合作社经济、国家资本主义经济为半社会主义性质的经济，为整个社会经济的重要组成部分。胡乔木指出，就20世纪50年代中国经济和中国历史面临的全部内外条件而论，无论早几年或迟几年，保留多少私有成分，抑或经济管理上和计划方法上具有多大程度应有的灵活性，但不可避免的是，“对社会主义的选择是不可避免的”[②]。这是一个客观的科学评价。1952年底，毛泽东提出党在过渡时期的总路线，这一思想转变是基于实事求是的科学分析基础上作出的。党在过渡时期的总路线的实质，就是使生产资料的社会主义所有制成为国家的经济基础。1956年，我国对农业、手工业和资本主义工商业基本完成社会主义改造，社会主义公有制经济制度在中国得到全面确立。

第二，社会主义计划经济体制的确立。新民主主义经济形态本身内含着计划经济的主导因素，随着所有制成分逐渐形成单一公有制，高度集中的计划经济体制逐渐建立。1954年9月通过的《中华人民共和国宪法》规

①中共中央文献研究室编《建国以来重要文献选编》（第一册），中央文献出版社，1992，第7页。

②《胡乔木传》编写组编《胡乔木谈中共党史》，人民出版社，2015，第338页。

定，国家用经济计划指导国民经济的发展和改造，使生产力不断提高，以改进人民的物质生活和文化生活，巩固国家的独立和安全。计划经济体制的特征决定了它的实现形式，由于认识的不同及经济条件的差异，计划经济不同阶段又有不同的实现形式。

从《共同纲领》到1954年宪法，再到1956年完成社会主义改造的历史任务，中国社会主义的根本政治制度、基本政治经济制度全面确立，中国社会主义的制度框架基本形成。制度框架的确立使中国社会阶级关系发生了根本的变化，为当代中国特色社会主义的形成和发展奠定了坚实的制度前提和政治基础。改革开放以来，中国特色社会主义制度的创新和发展，是在这一基础上进行的，是在新的历史条件下对我国社会主义制度的丰富和完善。

二、中国特色社会主义制度的深入推进

中国共产党的百年历史有三个关系前途命运的重要抉择。一是党成立之际，有建立一个什么样的党的抉择；二是在中国革命取得全国胜利之后，有建立一个什么样的共和国的抉择；三是在粉碎“四人帮”结束“文化大革命”之后，党又面临向何处去，建设什么样的社会主义的艰难抉择。在第三次重大抉择面前，以邓小平为核心的第二代中央领导集体作出伟大抉择：走自己的道路，建设有中国特色的社会主义。这标志着党对中国特色社会主义制度的探索迈入了新的阶段，掀开了中国特色社会主义制度建设的新篇章。

（一）中国特色社会主义制度的主体构架基本形成

1978年12月18日至22日，十一届三中全会胜利召开，这是新中国成立以来中国共产党历史上具有深远意义的伟大转折，开启了改革开放的序幕。全会的中心议题是讨论把全党的工作重点转移到社会主义现代化建设上来。邓小平在会议闭幕式上作了题为《解放思想，实事求是，团结一致向前看》的重要讲话。全会回顾了新中国成立以来经济建设的教训，提出要按实际情况来发展经济，反对不顾实际情况的经济理论，取而代之的是邓小平的改革开放政策。党掌握了拨乱反正的主动权，有步骤地解决了新中国成立以来的许多历史遗留问题和实际生活中出现的新问题，进行了繁重的建设和改革工作，使国家在经济上和政治上都出现了很好的形势。

十一届三中全会以来，在解放思想、实事求是思想路线的指引下，中国共产党围绕着怎样建设社会主义的问题进行了全面的政策创新。从中国社会主义初级阶段的国情出发，创造性地提出了“一个中心，两个基本点”的基本路线，形成了党的总政策，并构建了全新的政策体系。十一届三中全会是新中国成立以来党的历史上具有深远意义的重要会议，它从根本上冲破了长期“左”倾错误和“两个凡是”的束缚，重新确立了党的马克思主义的路线，拨乱反正，提出改革任务，确定了“解放思想，开动脑筋，实事求是，团结一致向前看”的指导方针，将中共中央的指导思想由阶级斗争转移到经济建设上来。从此中国共产党初步形成了以邓小平为核心的第二代中央领导集体，在第二代中央领导集体的领导下，中国走向建设中国特色社会主义的改革开放道路。

十一届三中全会以后，以邓小平为核心的第二代中央领导集体，对中国特色社会主义制度进行的探索主要有以下几个方面：

1. 提出改革党和国家领导制度

党和国家领导制度改革为改革开放的现代化伟业奠定了根本制度基础。1980年8月，邓小平的《党和国家领导制度的改革》讲话石破天惊，振聋发聩。他强调领导制度、组织制度问题更带有根本性、全局性、稳定性和长期性。这种制度问题，关系到党和国家是否改变颜色。邓小平指出："我们过去发生的各种错误，固然与某些领导人的思想、作风有关，但是组织制度、工作制度方面的问题更严重。这些方面的制度好可以使坏人无法任意横行，制度不好可以使好人无法充分做好事，甚至会走向反面。"①他提出，为了适应社会主义现代化建设的需要，为了适应党和国家政治生活民主化的需要，为了兴利除弊，党和国家领导制度及其他制度，需要改革的地方很多。因此，主要进行了以下几个方面的改革：

一是改善党的组织制度和领导体制，突出强调加强党的民主集中制和确立集体领导的原则。其中首先要改变党中央主席的权力结构，确立党的集体领导制度和集体交接班制度。不设党中央主席和副主席，只设党的总书记，作为中央政治局常务委员会成员负责召开政治局会议和政治局常务委员会议；重大决定须通过民主协商由集体讨论决定；总书记负责中央书记处工作。然后是成立纪检系统，加强党内监督。通过设置中央和省一级顾问委员会和各级纪律监察委员会，加强党内监督。

二是探索党政智能分开的具体路径和党在国家法律范围内活动的基本原则。如何处理党与政、党与法的关系是影响整个国家制度建设的重要问题。十二大党章中明确规定："党必须在宪法和法律的范围内活动。"这明确了党和国家权力机关的关系。党政分开主要是党政职能分开，邓小平把它作为

---

①中共中央文献研究室编《三中全会以来重要文献选编》（上），中央文献出版社，1982，第523–524页。

政治体制改革的关键。邓小平谈道："改革的内容，首先是党政要分开，解决党如何善于领导的问题。这是关键，要放在第一位。"[①]1980年8月政治局扩大会议提出，各级党组织把大量的日常行政工作、业务工作尽可能交给政府、业务部门承担；取消各级党委审批案件的制度，取消党组织与公检法联合办案的做法；党的领导机关做思想政治工作。党的十三大明确了党的领导是政治领导，提出"划清党组织和国家政权的职能，理顺党组织与人民代表大会、政府、司法机关、群众团体、企事业单位和其他各种社会组织之间的关系，做到各司其职，并且逐步走向制度化"[②]。

三是改革党政领导机构，废除领导干部职务终身制。1981年12月，五届全国人大四次会议宣布，国务院决定采取果断措施进行机构改革。主要围绕精简机构，调整领导班子进行。废除领导干部职务终身制，建立退休制度，这是邓小平成为党的第二代领导集体的核心之后提出的一个重要主张。针对实际上存在的领导干部职务终身制的问题，党采取稳妥的过渡方式：一是"劝退"，采取以优待换权力的办法规定退休时应享受在职时的待遇；二是设立中顾委，为实现新老干部正常交替和最终废除领导干部终身制提供了制度的保证。在党的第十三次全国代表大会上，在"三老"（邓小平、陈云、李先念）"半退"、"四老"（彭真、邓颖超、徐向前、聂荣臻）"全退"的带动下，中央和各省、市、自治区又有一批老干部退出第一线的领导岗位，增选为中顾委委员和各省、市、自治区的顾问委员会委员，一批年轻干部走上了一线领导岗位。党的十三大还提出了建立各级干部分类管理体制、建立国家公务员制度的基本思路。

---

①《邓小平文选》（第三卷），人民出版社，1993，第177页。

②中共中央文献研究室编《十三大以来重要文献选编》（上），中央文献出版社，2011，第31页。

2. 民主政治制度的恢复

恢复和发展了人民代表大会制度、共产党领导的多党合作和政治协商制度、民族区域自治制度，建立了基层群众自治制度的基础，创造性地提出了“一国两制”的科学构想。

“文革”结束后，如何确立人民群众对社会主义的信任，成为摆在执政党面前的重大现实问题。以邓小平为代表的中国共产党人坚持解放思想，实事求是，以巨大的政治勇气和理论勇气，在民主政治建设方面进行了许多新的探索，作出巨大贡献。

（1）恢复并不断健全人民代表大会制度

一是重新确立了人民代表大会的地位与职权。二是设立民族委员会、法律委员会、财经委员会等专门机构，特别是增加了全国人大常委会“制定和修改应由全国人民代表大会制定的法律以外的其他法律”[①]的职权，使人大常委会和人民代表大会一样，都是行使国家立法权的机关。三是坚持按期召开人民代表大会，代表人民行使管理国家大事的权利。四是改进人大代表的视察办法，加强了对政府工作、法院工作和检察院工作的监督。

（2）中国共产党领导的多党合作和政治协商制度

1982年中共十二大把“长期共存、互相监督”和“肝胆相照、荣辱与共”连在一起，作为新时期中国共产党领导的多党合作的方针。1982年宪法以国家大法的形式对共产党领导下的多党合作制度给予肯定。1989年底，根据中国政治发展的需要，制定了《关于坚持和完善中国共产党领导的多党合作和政治协商制度的意见》，提出要加强和发展同民主党派的合作，支持各民主党派为社会主义现代化建设和祖国统一服务。从此，各民

①中共中央文献研究室编《十二大以来重要文献选编》（上），中央文献出版社，2011，第200页。

主党派以参政党的身份参政议政，积极为党和政府建言献策。这一模式被以常态的一年一度的两会制度坚持下来。

（3）基层群众自治制度

1982年宪法中正式提出建立人民公社体制，提出设立街道居民委员会和农村村民委员会基层群众性自治组织，依法实施群众自治。1983年，中央下发了《关于实行政社分开，建立乡政府的通知》，提出建立乡（镇）政府作为基层政权，成立村民委员会作为群众性组织。1986年全国人大及其常委会先后颁布《村民委员会组织法（试行）》《城市居民委员会组织法》《全民所有制工业企业法》等法律，对基层民主政治建设作出具体的规定。到1986年底全国共建了8万多个居民委员会，企事业单位建立工会组织和职工代表大会，有力地促进了基层民主政治的建设和发展，奠定了基层群众自治制度的基础。

（4）“一国两制”构想的提出

“一国两制”创造性地把社会主义和资本主义两种对立的制度包容于一个统一的国家政权内，这是中国特色社会主义制度建设和发展历程中重要的一页，是对马克思主义国家理论和实践的重大发展。邓小平指出：“我们的社会主义制度是有中国特色的社会主义制度，这个特色，很重要的一个内容就是对香港、澳门、台湾问题的处理，就是‘一国两制’。”[①]1981年9月，“叶九条”进一步阐明了解决台湾问题的方针政策。1982年1月，邓小平指出：“九条方针是以叶副主席名义提出来的，实际上是一个国家，两种制度。”这是邓小平首次提出“一个国家，两种制度”的概念。1982年，“一国两制”作为基本国策写进宪法，明确提出

①《邓小平文选》（第三卷），人民出版社，1993，第218页。

国家在必要时设立特别行政区，对“一国两制”政策作了初步的制度性安排。1983年6月，“邓六条”使“一国两制”的构想更加完备、充实，更加具体化、系统化。1985年3月，全国人大六届三次会议正式把“一国两制”确定为中国的一项基本国策。1990年，《中华人民共和国香港特别行政区基本法》使“一国两制”迈出了从政策到制度、从理论到实践的关键性一步。“一国两制”构想是实现祖国统一的新创造，也是中国特色社会主义制度最具特色的一个内容。

3. 完善基本经济制度，逐步确立建设社会主义市场经济体制的改革思路

十一届三中全会后，党以实事求是的态度对待我国的基本经济制度，提出“发展是硬道理”。在1982年十二大上首次提出“计划经济为主，市场经济为辅”的思想，取得了两个突破：一是调整所有制结构，赋予个体经济合法地位，二是否定了排除市场调节的计划经济观念。市场的作用逐渐显现。党的十三大加快和深化了经济体制改革，一是丰富了社会主义经济的实现方式，把私营经济、中外合资合作经济、外商独资经济同个体经济一起作为公有制经济必要的和有益的补充；二是提出了社会主义经济体制是“计划与市场内在统一的体制”的说法。1992年初，邓小平发表南方谈话，指出：“计划多一点还是市场多一点，不是社会主义与资本主义的本质区别”，“计划和市场都是经济手段”。[①]这一精辟论述，从理论上破除了计划经济和市场经济是制度属性的观念，解除了把计划经济和市场经济看作社会主义基本制度范畴的思想束缚，为中国特色社会主义经济制度奠定了坚实的理论基础。我国基本确立了“社会主义市场经济”这

①《邓小平文选》（第三卷），人民出版社，1993，第373页。

一发展方向。党的十四大明确指出，要把建立“社会主义市场经济体制”作为中国经济体制改革的目标。1993年社会主义市场经济第一次写进《宪法》，正式确立了“国家实行社会主义市场经济”这一新体制。

4. 社会主义法制建设逐步推进，为中国特色社会主义法律体系的形成奠定了基础

十一届三中全会开启了我国法制建设的新纪元。在“发扬社会主义民主，建设社会主义法制”方针的指导下，提出了要建立一种法律制度不依领导人的转移而转移，不依领导人的注意力的转移而转移；在党章中规定了“党必须在宪法和法律的范围内活动”的原则。思想意识和思维方式的转变为改革开放以后国家法制重建奠定了思想理论基础和指导方向。在“有法可依、有法必依、执法必严、违法必究”法制建设基本方针的指导下，积极开展立法工作。我国逐渐形成了一元多层次的立法体制，修改制定系列法律，其体系日趋完善；司法制度恢复完善，行政法制和监察工作扩展；颁布《律师暂行条例》，律师制度恢复发展；开展全民普法运动，法学教育和研究盛况空前；公民法律维权意识和法律思维逐步确立，法律在社会中的角色扮演逐渐转变。我国法律建设实践开启了新的一页。

可以说，从党的十一届三中全会到十四大是中国特色社会主义制度主体框架基本形成时期。这一时期中国特色社会主义建设主要是围绕政治体制改革和经济体制改革两条主线进行修复和建设，复原了在“文革”中被破坏了的基本制度和制度体系，复原中对原有体制的弊端进行了初步变革。复原和建设二者互相联系，不可分割，共同构成了中国特色社会主义制度的创新实践。虽然，在这一阶段中国特色社会主义制度的优势并没得到充分展现，以邓小平为核心的党的第二代领导集体提出的很多具有突破性的改革思路，并未完全转化到实践层面，但从总体上说，这一阶段的制

度创新为中国特色社会主义制度的进一步发展奠定了重要基础。

（二）中国特色社会主义制度体系开始形成

党的十四大以来，以江泽民为核心的第三代中央领导集体高举邓小平理论伟大旗帜，围绕建设有中国特色社会主义的战略全局和社会主义初级阶段的主要矛盾，进行理论和实践上的全面创新。我国的基本经济制度和各项民主政治制度基本形成，建立在基本政治经济制度基础上的体制和具体制度不断调整，逐步形成适应社会主义价值要求和改革开放以来社会发展的实践要求，以宪法为核心的社会主义法律体系建设取得了重大进展。主要表现在：

1. 社会主义基本经济制度逐步完善，社会主义市场经济体制初步建立

第三代中央领导集体对邓小平理论发展最为丰富最为深刻的创新之处是在正确处理计划与市场、社会主义与资本主义、宏观调控与市场机制的关系上。在社会主义条件下，建立什么样的所有制经济，实行什么样的经济体制是社会主义建设的重大理论和实践问题。第三代中央领导集体紧紧抓住社会主义初级阶段的精髓和实质，明确提出党在社会主义初级阶段的基本纲领和基本政策；对“公有制为主体”的理论实现新突破和提出公有制实现形式的全面创新。党的十五大报告中明确提出：“公有制为主体，多种所有制经济共同发展，是我国社会主义初级阶段的一项基本经济制度”，“非公有制经济是我国社会主义市场经济的重要组织部分”。①在此基础上，党的十六大提出了坚持和完善基本经济

①中共中央文献研究室编《十五大以来重要文献选编》（上），中央文献出版社，2000，第20—22页。

制度的三项原则："第一，必须毫不动摇地巩固和发展公有制经济"，"第二，必须毫不动摇地鼓励、支持和引导非公有制经济发展"，"第三，把坚持公有制为主体，促进非公有制经济发展，统一于社会主义现代化建设的进程中，不能把这两者对立起来"。[①]所有制内容关系到社会主义本质，又关系到经济体制改革的方向。党对所有制内容的阐述，由"必要补充"改为"基本方针"，再由"基本方针"明确为"基本经济制度"，进而强调要"坚持和完善"，这是对马克思主义所有制理论的新发展，丰富了社会主义基本经济制度的内涵。到20世纪末，我国社会主义市场经济体制初步建立。

2. 政治体制改革进一步深入，各项民主政治制度进一步发展和完善

十四大以来，党中央逐渐提出发展社会主义民主政治、建设社会主义政治文明是社会主义现代化建设的重要目标，提出依法治国和以德治国的基本方略。社会主义民主政治和法治国家的建设最根本的是要坚持党的领导、人民当家作主和依法治国的有机结合和辩证统一，逐步实现社会主义民主政治的制度化、规范化、程序化。如何进一步推进社会主义民主政治？主要通过完善人民代表大会制度，完善人大代表选举制度和人大对国家机关和工作人员的监督机制，积极推进全国人民代表大会的立法工作和普法宣传工作；进一步完善各项民主政治制度，完善中国共产党领导的多党合作和政治协商制度、基层群众自治制度，确立了民族区域自治制度，并在特别行政区基本法指导下，恢复行使对香港和澳门地区的主权；积极推进国家机构改革，消除政企不分的组织基础，逐步建立适应社会主义市场经济体制的中国特色的政府行政管理体制。

①中共中央文献研究室编《十六大以来重要文献选编》（上），中央文献出版社，2005，第19页。

3. 确立依法治国的基本方略，以宪法为核心的中国特色社会主义法律体系框架基本形成

无论是规范政治运行过程抑或是发展社会主义经济，法制都是关键的一环，没有法制，就不能有效规约政治经济生活秩序，就不能为发展社会主义经济提供良好的发展环境。十四大以来，随着经济体制和政治体制改革的深入变革，法制也在不断变化。主要表现为价值理念提升（从“法制”到“法治”的变化）、范围扩展（从“依法行政”到“依法治国”）、主体延伸（从“依法行政”到“依法执政”）、过程优化（从“权力机关立法”到“民主参与立法”）、绩效改善（从增加立法数量到加强立法质量）、体系完善（从“加强立法与严格执法”到“推进司法体制改革”）、资源整合（法制或法治体制完善与普法宣传教育并重），从而使法治建设更优化，更具有针对性。

总而言之，党的十四大到十六大，是中国特色社会主义制度体系化建设的阶段。此阶段中国特色社会主义制度的创新具有两个鲜明的特点：一是改革横向范围扩大。制度改革从经济和政治领域向其他领域延伸，涉及文化体制、社会体制、科技体制、教育体制等领域，形成全方位、宽领域的制度探索。二是改革纵向加深。制度建设从根本制度、基本制度深入到各项体制和具体制度，呈现出多层次、系统化的制度建设模式。中国特色社会主义制度体系改革创新从多个领域、多个层面展开，体现了综合性和互动性。中国特色社会主义制度的体系构建还需要实现各个领域和各个层面制度的贯通衔接。

三、中国特色社会主义制度的全面拓展

党的十七大从经济、政治、文化、社会四个方面论述了中国特色社会主义制度建设的基本要求，丰富了中国特色社会主义制度建设的基本思路。2011年，胡锦涛在庆祝中国共产党成立90周年大会上的讲话首次提出了“中国特色社会主义制度”的概念，阐述了中国特色社会主义制度的内涵、特点和优势。2012年，党的十八大阐述了中国特色社会主义制度与中国特色社会主义道路和理论体系的基本关系，强调全党要坚定中国特色社会主义的制度自信，这标志着中国特色社会主义制度基本形成。2017年10月18日，党的十九大召开，习近平在十九大报告中首次提出“新时代中国特色社会主义思想”的概念，并指出：“经过长期努力，中国特色社会主义进入了新时代”，“明确全面深化改革总目标是完善和发展中国特色社会主义制度、推进国家治理体系和治理能力现代化”。可以说十九大的召开，标志着中国特色社会主义制度建设正引向深入，并得到了全面的拓展。这个时期对中国特色社会主义制度的创新和发展主要表现在以下几个方面：

（一）党的十七大对中国特色社会主义制度的拓展

2007年10月15日至21日，党的十七大在北京胜利召开。胡锦涛代表第十六届中央委员会向大会作了题为《高举中国特色社会主义伟大旗帜，为夺取全面建设小康社会新胜利而奋斗》的报告。党的十七大是在我国改革发展关键阶段召开的一次十分重要的大会。党的十七大对中国特色社会主义制度的拓展主要体现在以下几个方面：

1. 党的十七大对举什么旗、走什么路这一根本问题作了鲜明有力的回答

中国特色社会主义是贯穿十七大报告的一条主线。报告指出：“改革开放以来我们取得一切成就和进步的根本原因，归结起来就是：开辟了中国特色社会主义道路，形成了中国特色社会主义理论体系。”这就告诉我们，只有改革开放才能发展中国特色社会主义，也只有坚持中国特色社会主义才能保证改革开放取得成就。报告将中国特色社会主义道路的内涵概括为“一个基本路线”“一个总体布局”“一个发展目标”，并揭示了中国特色社会主义的基本特征，即“既坚持了科学社会主义的基本原则，又根据我国实际和时代特征赋予其鲜明的中国特色”。改革开放近30年的历史已无可争议地证明，这是一条引领当代中国发展进步、指引中华民族实现伟大复兴的正确道路。只有这条道路，而没有别的什么道路，才能使中国迅速发展起来。中国特色社会主义没有丢弃科学社会主义的基本原则，只要坚持走这条道路，发挥我们的政治优势，在发展中出现的问题就会逐步得到妥善解决。“在当代中国，坚持中国特色社会主义道路，就是真正坚持社会主义。”这表明中国特色社会主义伟大旗帜，是当代中国发展进步的旗帜，是全党全国各族人民团结奋斗的旗帜；高举中国特色社会主义伟大旗帜，最根本的就是要坚持中国特色社会主义道路和中国特色社会主义理论体系。

2. 创造性提出和科学阐释了中国特色社会主义理论体系，并将科学发展观写入党章

党的十七大创造性地提出中国特色社会主义理论体系概念，并将科学发展观写入党章。十七大在推进马克思主义中国化方面作出了特殊贡献，从而在党的历史上写下了极其重要的一页。

十一届三中全会以来，我们党深刻总结新中国成立以来正反两方面的经验，重新确立了实事求是的思想路线，在改革开放新时期不断开辟马克思主义在中国发展的新境界，实现了马克思列宁主义同中国实际相结合的新的历史性飞跃。中国特色社会主义道路之所以正确，关键在于有正确理论的指引，这个理论就是邓小平理论、“三个代表”重要思想以及科学发展观等重大战略思想。它们前后连贯又各有侧重地深入探索和科学回答了三大基本问题，即什么是社会主义、怎样建设社会主义，建设什么样的党、怎样建设党，实现什么样的发展、怎样发展，其内容涉及改革发展稳定、内政国防外交、治党治国治军，从而构成一个完整、科学的理论体系。十七大创造性地用中国特色社会主义理论体系这一简明确切的概念来整合三大理论创新成果，揭示了三者之间的内在关系，勾勒出中国特色社会主义理论在新时期产生、丰富和发展的轨迹。

3. 围绕夺取全面建设小康社会的新胜利进行了全面部署，提出了新的更高要求

十七大以“夺取全面建设小康社会新胜利”作为今后一个时期的奋斗目标，对2020年实现全面建设小康社会的既定目标提出了新的更高要求，主要体现在两个方面：一是将单纯的国内生产总值比2000年翻两番，改为实现人均国内生产总值翻两番，并将生态建设提到新高度，首次提出了“建设生态文明”的概念；二是从经济、政治、文化、社会、生态建设的总体布局着眼，提出到2020年时，我国将成为“五个更加”的国家。大会还围绕促进国民经济又好又快发展、坚定不移发展社会主义民主政治、推动社会主义文化大发展大繁荣、加快推进以改善民生为重点的社会建设作了具体部署，并阐述了国防和军队建设、祖国统一大业以及外交工作的大政方针。总之，十七大报告描绘了一幅全面建设小康社会、加快推进社会

主义现代化的宏伟蓝图，是指导以后十余年坚持和发展中国特色社会主义的行动纲领。

4. 围绕以改革创新精神推进党的建设新的伟大工程进行了全面部署，提出了新的更高要求

十七大的一个突出贡献便是着力以改革创新精神加强党的建设，并据此对党建工作进行全面部署，提出了“一条主线、五个重点、一个目标、六项任务”。“一条主线”，即把党的执政能力建设和先进性建设作为党的建设的主线，使之处于统领地位。“五个重点”，指加强思想建设、组织建设、作风建设、制度建设和反腐倡廉建设，首次将“反腐倡廉建设”与其他四大建设并列。“一个目标”，指通过上述五大建设，使党始终成为“立党为公、执政为民，求真务实、改革创新，艰苦奋斗、清正廉洁，富有活力、团结和谐”的马克思主义执政党。“六项任务”，即六个“着力”，指“着力用马克思主义中国化最新成果武装全党”“着力建设高素质领导班子”“着力增强党的团结统一”“着力造就高素质干部队伍和人才队伍”“着力加强基层党组织的建设”“着力加强反腐倡廉建设”。这六项任务是围绕上述五大建设所提的具体要求，其中有不少新思路新举措。

（二）党的十八大对中国特色社会主义制度的进一步拓展

党的十八大深刻总结我党历史经验，深入分析国内国际形势，承前启后，对党和国家未来五年的发展进行规划部署，意义重大而深远，是一次指明方向的大会。大会高举中国特色社会主义伟大旗帜，强调坚定不移走中国特色社会主义道路，既不走封闭僵化的老路，也不走改旗易帜的邪路。

党的十八大以科学发展观作为全党全社会必须长期坚持的指导思想，

并作了精辟的阐述和新的定位。这一指导思想站在历史和时代的高度，以一系列新思想、新观点、新论断，科学回答了新形势下实现什么样的发展、怎样发展等重大问题，是中国特色社会主义理论体系的最新成果，是指导党和国家全部工作的强大思想武器。

党的十八大报告认真总结了十六大以来全面建设小康社会取得的巨大成就，深刻分析了国内外形势的新变化、全面建成小康社会面临的新情况新问题、我国发展中出现的新的阶段性特征，在十六大、十七大确立的目标基础上，确立了经济、政治、文化、社会建设以及生态文明建设的“五位一体”总体格局，同时对内政外交国防工作作出部署，与时俱进地提出了一些更具明确政策导向、更加针对发展难题、更好顺应人民意愿的新要求，主要是：经济持续健康发展，筑牢人民幸福、社会和谐稳定的物质基础；人民民主不断扩大，使民主制度更加完善、民主形式更加丰富，依法治国基本方略全面落实，人权得到切实尊重和保障；文化软实力显著增强，物质文明和精神文明全面发展；人民生活水平全面提高，逐步实现改革开放和社会主义现代化的根本目的；资源节约型、环境友好型社会建设取得重大进展，适应人民群众对良好生态环境的迫切要求。这些目标部署将激励全党全国人民满怀信心地去努力奋斗。

党的十八大对中国特色社会主义制度的拓展和重大历史性理论贡献可以概括为以下五个方面：

1. 坚持以中国特色社会主义为主题推进理论创新

党的十八大报告开宗明义，告诉我们要高扬中国特色社会主义这面旗帜，充分表明我们党在新的历史条件下，团结带领全国各族人民沿着中国特色社会主义道路推动国家发展进步、实现中华民族伟大复兴的坚定立场和坚强意志，也充分表明当代中国共产党人坚持以中国特色社会主义为主题推进理论创新的鲜明态度。

2. 科学发展观由重大战略思想确定为指导思想

党的十八大报告以10年成功实践为基础，明确科学发展观同马克思列宁主义、毛泽东思想、邓小平理论、“三个代表”重要思想一道，是党必须长期坚持的指导思想。对科学发展观的内涵进行了进一步阐述，对贯彻落实科学发展观提出了新要求。这是十八大报告理论创新的最大亮点和最突出的贡献。

3. 中国特色社会主义的认识提升到新水平

党的十八大首次将“中国特色社会主义制度”写入党的全国代表大会报告中，并科学阐述了中国特色社会主义道路、中国特色社会主义理论体系、中国特色社会主义制度的内涵及其相互关系。把生态文明建设纳入了中国特色社会主义事业总体布局。这些新阐述、新概括标志着我们党对中国特色社会主义的认识达到了新水平。

4. 对什么是小康社会、如何建设小康社会的认识提升到新境界

十八大报告首次从“五位一体”总体布局出发，提出了全面建成小康社会新的要求和全面深化改革开放的目标。特别提出“两个翻番”，使小康社会目标更加明确、更加切近，同时标准更严、要求更高。

5. 党的建设科学化认识提升到新高度

党的十八大报告对党的建设主线、总体布局、总体目标和要求作出了新概括，确立了新形势下加强和改进党的建设的正确方向和基本要求，反映了党在新的历史条件下对自身建设规律性认识的深化，丰富和发展了党的建设理论，为全面建成小康社会条件下的党的建设提供了科学方略。

可以说，党的十八大是在我国进入全面建成小康社会决定性阶段召开的一次统一思想、凝聚力量、承前启后、继往开来的盛会，是高举中国特

色社会主义伟大旗帜，从思想上政治上组织上为实现全面建成小康社会宏伟目标、奋力开拓中国特色社会主义更为广阔的发展前景作出战略部署的盛会，是展示我们党团结、胜利、奋进的盛会。

（三）党的十九大对中国特色社会主义制度更进一步的拓展

党的十九大是在全面建成小康社会决胜阶段、中国特色社会主义进入新时代的关键时期召开的一次十分重要的大会，党的十九大对建设中国特色社会主义制度作出了重大的政治判断、理论概括和实践总结，对中国特色社会主义制度的拓展和重要贡献主要体现在以下几个方面：

1. 党的十九大作出了中国特色社会主义进入新时代、中国社会主要矛盾发生新变化的重大政治判断，有利于全党更加准确地把握中国特色社会主义的阶段性特征

科学认识和系统把握时代发展变革规律性，是马克思主义认识问题、分析问题的重要立场、观点和方法。党的十九大在系统总结党的十八大以来党和国家事业发展取得全方位、开创性历史成就和深层次、根本性历史变革的基础上，深入观察、科学判断世情国情党情的新变化，鲜明提出中国特色社会主义进入了新时代，指出这个新时代，是承前启后、继往开来、在新的历史条件下继续夺取中国特色社会主义伟大胜利的时代，是决胜全面建成小康社会、进而全面建设社会主义现代化强国的时代，是全国各族人民团结奋斗、不断创造美好生活、逐步实现全体人民共同富裕的时代，是全体中华儿女勠力同心、奋力实现中华民族伟大复兴中国梦的时代，是我国日益走近世界舞台中央、不断为人类作出更大贡献的时代。这个重大政治判断清晰标注了新时代中国特色社会主义在中华人民共和国发展史上、在中华民族发展史上、在世界社会主义发展史上、在人类社会发

展史上所处的历史方位和现实坐标。党的十九大明确提出了新的历史方位上的历史任务和奋斗目标，具有举旗定向的重大政治意义。

矛盾分析法是马克思主义唯物辩证法的主要内容，也是贯穿毛泽东思想、邓小平理论的重要思想方法。马克思认为矛盾是事物本身固有的属性和本质的特征，普遍存在于自然界、人类社会和人的思维等一切事物变化发展的过程，是推动事物发展的源泉和动力。中国共产党把这一基本原理同中国社会发展实际相结合，与时俱进地调整、深化对社会主要矛盾的认识。党的十八大以来，习近平总书记灵活运用矛盾分析法，准确把握党和国家各方面工作中的主要矛盾，坚持问题意识、问题导向，盯准突出矛盾和突出问题发力，推动党和国家各项工作取得了历史性成就和历史性变革，人民群众获得感、幸福感、安全感不断增强，推动我国社会主要矛盾发生了质的变化。党的十九大准确判断我国社会生产力与生产关系矛盾运动的新特点和新变化，准确回应人民群众的新要求和新期待，准确把握中国特色社会主义发展阶段性特征，作出我国社会主要矛盾已经转化为人民日益增长的美好生活需要和不平衡不充分的发展之间的矛盾的重大政治判断。我国社会主要矛盾的变化是关系全局的历史性变化，凸显了新时代党和国家事业发展的重点要求和重点任务。

2. 党的十九大确立了习近平新时代中国特色社会主义思想的历史地位，回答了新时代坚持和发展什么样的社会主义、怎样坚持和发展中国特色社会主义的历史课题

党的十八大以来，党和国家各项事业进入了新的历史阶段，提出了新的时代课题。对此习近平总书记有着高度清醒和敏锐的感知，他说：“当前，全党面临的一个重要课题，就是如何正确认识和妥善处理我国发展起来后不断出现的新问题。”这些问题表现在方方面面，而应对这些重大挑

战、重大风险、重大阻力和重大矛盾，迫切需要新的理论指导。以习近平为核心的党中央紧密结合新的时代条件和实践要求，以全新的视野深化对共产党执政规律、社会主义建设规律、人类社会发展规律的认识，进行艰辛理论探索，取得重大理论创新成果，形成了习近平新时代中国特色社会主义思想，这个孕育于中国特色社会主义新时代的伟大指导思想，是新时代中国共产党人的精神支柱和力量源泉，必将引领中国特色社会主义书写新的篇章。

伟大的时代催生伟大的理论，伟大的理论指导伟大的实践。党的十九大用“八个明确”和“十四个坚持”高度概括了习近平新时代中国特色社会主义思想的精神实质和丰富内涵。这些理论创新成果，深刻回答了新时代坚持和发展中国特色社会主义的总目标、总任务、总体布局、战略布局和发展方向、发展方式、发展动力、战略步骤、外部条件、政治保证等一系列基本问题，为新时代中国特色社会主义注入了新的科学内涵，丰富发展了中国特色社会主义理论体系，系统回答了新时代坚持和发展什么样的中国特色社会主义、怎样坚持和发展中国特色社会主义的重大时代课题。习近平新时代中国特色社会主义思想具有极强的系统性、全局性、战略性、引领性、前瞻性，是我们党团结带领全国各族人民在新时代坚持和发展中国特色社会主义的政治宣言和行动纲领。但是伟大的思想从来不局限于解释世界，还致力于改造世界。在习近平新时代中国特色社会主义思想的指导下，党的十九大报告坚持问题导向、强化问题意识。从贯彻新发展理念、建设现代化经济体系，健全人民当家作主制度体系、发展社会主义民主政治，坚定文化自信、推动社会主义文化繁荣兴盛，提高保障和改善民生水平、加强和创新社会治理，加快生态文明体制改革、建设美丽中国，坚持走中国特色强军之路、全面推进国防和军队现代化，坚持和平发展道路、推进构建人类命运共同体，坚定不移全面从严治党、不断提高党的执政能力和领导水平等八个方面具体阐述了未来党和国家主要工作的实践方向和实践路径，展现了鲜明的实践品格，为我们在新的历史起点上进行伟大斗争、建设伟大工程、推进伟大事业、实现伟大梦想提供了行动指南。

3. 党的十九大确立了决胜全面建成小康社会、开启全面建设社会主义现代化国家新征程的新目标，为新时代坚持和发展中国特色社会主义作出了战略安排

根据党和国家事业所处的不同发展阶段，与时俱进地调整发展目标，制定发展战略，绘就发展蓝图，是我们党在革命建设改革的伟大实践中一以贯之的重要经验。党的十八大以来，以习近平为核心的党中央顺应世情国情党情的深刻变化，顺应人民群众对美好生活的新期待，提出了实现“两个一百年”奋斗目标和中华民族伟大复兴中国梦的战略目标，引领中华民族从大国迈向强国的新征程。党的十九大站在“两个一百年”奋斗目标的历史交汇点上，既要为实现近在咫尺的全面建成小康社会目标进行谋划部署，又要为开启社会主义现代化国家新征程进行长远设计。在综合分析国际国内形势和我国发展条件的基础上，党的十九大鲜明提出全面建设社会主义现代化国家“新两步走”的战略安排，即第一阶段，从2020年到2035年，在全面建成小康社会的基础上，再奋斗十五年，基本实现社会主义现代化。第二个阶段，从2035年到21世纪中叶，在基本实现现代化的基础上，再奋斗十五年，把我国建成富强民主文明和谐美丽的社会主义现代化强国。这个新的战略安排不仅把基本实现社会主义现代化的时间表提前了15年，更在此基础上提出了更加全面、更高质量的现代化建设目标，为我们描绘了更加清晰、更加美好的现代化建设宏伟蓝图。

4. 党的十九大阐述了新时代中国共产党的历史使命，提出了新时代党的建设总要求，为坚定不移全面从严治党、不断提高党的执政能力和领导水平指明了方向

党的十九大立足于中国特色社会主义进入新时代这个历史背景和时代方位，着眼于中国共产党在新时代的历史使命，对党的建设新的伟大工程进行了全面全新的战略部署。

一是提出了新时代党的建设总要求，即坚持和加强党的全面领导，坚持党要管党、全面从严治党，以加强党的长期执政能力建设、先进性和纯洁性建设为主线，以党的政治建设为统领，以坚定理想信念为宗旨，以调动全党积极性、主动性、创造性为着力点，全面推进党的政治建设、思想建设、组织建设、作风建设、纪律建设，把制度建设贯穿其中，深入推进反腐败斗争，不断提高党的建设质量，把党建设成为始终走在时代前列、人民衷心拥护、勇于自我革命、经得起各种风浪考验、朝气蓬勃的马克思主义执政党。这个总要求从主线到统领，从根基到着力点，从总布局到总目标，鲜明体现着党的十八大以来党的理论创新、实践创新和制度创新取得的成果，是马克思主义执政党建设理论在中国共产党治党治国实践中的又一次重大飞跃，必将引领新时代党的建设新的伟大工程焕发全新活力。

二是对一些重要问题作出了鲜明回答。大会把党的十八大以来我们党在全面推进从严治党实践中取得的成功经验和重大成果写入党章，包括不断增强自我净化、自我完善、自我革新、自我提高能力，用习近平新时代中国特色社会主义思想统一思想、统一行动，牢固树立政治意识、大局意识、核心意识、看齐意识，坚定维护以习近平为核心的党中央权威和集中统一领导，加强和规范党内政治生活，增强党内政治生活的政治性、时代性、原则性、战斗性，发展积极健康的党内政治文化，营造风清气正的良

好政治生态等内容；明确把中国共产党的领导是中国特色社会主义最本质的特征，是中国特色社会主义的最大优势，党政军民学，东西南北中，党是领导一切的，作为一个重大政治原则写入党章；明确提出党是最高政治领导力量、坚持党对一切工作的领导、把党的政治建设摆在首位等根本要求。这些观点和论断义正词严、掷地有声、振聋发聩，有力地回应了国内外一些别有用心的质疑，彰显了拥有8900多万名党员的全球第一大党，在党的领导和党的建设问题上愈加成熟、愈发强大的政治定力和政治自信。

党的十九大自信而又坚定地向党内外、国内外宣示了新时代我们党将举什么旗、走什么路、以什么样的精神状态、担负什么样的历史使命、朝着什么样的目标继续前进的根本问题。十九大唱响了当代中国共产党人的历史使命和历史担当，是鼓舞人心的政治宣言，是催人奋进的壮丽诗篇，也是开拓前进的实践誓师。

第三章
中国特色社会主义根本政治制度和基本政治制度

我们党在社会主义革命、建设和改革的过程中，积极推进社会主义制度自我完善和发展，在经济、政治、文化、社会等各个领域形成了一整套相互衔接、相互联系的中国特色社会主义制度体系。这个制度体系由四部分组成：一是政治制度，主要包括一项根本政治制度即人民代表大会制度，三项基本政治制度即中国共产党领导的多党合作和政治协商制度、民族区域自治制度以及基层群众自治制度。二是中国特色社会主义基本经济制度，主要包括四项基本经济制度，即公有制为主体、多种所有制经济共同发展的基本经济制度，按劳分配为主体的多种分配方式并存的分配制度，国家主导型的多结构的市场制度，自立主导型的多方位开放制度。三是法律体系，即中国特色社会主义法律体系。四是具体制度，即建立在根本政治制度、基本政治制度、基本经济制度基础上的经济体制、政治体制、文化体制、社会体制等各项具体制度。

一、中国特色社会主义的根本政治制度

我国的根本政治制度是人民代表大会制度，人民代表大会制度是中国人民民主专政的政治组织形式。人民代表大会制度是以人民代表大会为政权组织形式，以民主集中制为组织原则，由人民选举代表组成国家权力机关，统一领导国家事务的制度。坚持和完善这一制度是发展社会主义民主政治、建设社会主义政治文明的重要内容。

1949年9月，中国共产党主持召开中国人民政治协商会议第一届全体会议，大会通过的具有临时宪法性质的《中国人民政治协商会议共同纲领》正式确定人民代表大会制度为我国的政权组织形式。1954年9月15日，第一届全国人民代表大会第一次会议召开，会议通过的《中华人民共和国宪法》，以根本大法的形式，进一步明确规定了我国的国体和政体。

中国共产党和中华人民共和国始终代表最广大人民的根本利益可以使用专制的方法来对待敌对势力以维持人民民主政权。中国共产党领导的人民民主政权在人民内部实行民主，逐步扩大社会主义民主，发展社会主义民主政治；对境内外敌对势力和犯罪分子实行专政。它适应人民民主专政国体和政体的要求，是中国社会主义政党制度确立和发展的重要保证。中国共产党领导的多党合作和政治协商制度形成和发展是中国近现代历史发展的必然结果，也是由中国人民民主专政国体的性质所决定的。

至此，与人民民主专政的国体性质相适应的人民代表大会制度，作为我国社会主义政权的组织形式得以正式确立。人民代表大会制度的主要内容如下：

1. 各级人大都由民主选举产生，对人民负责，受人民监督。民主选举是民主集中制的基础。选举权和被选举权是人民行使国家权力的重要标

志。选民（在直接选举中）或选举单位（在间接选举中）有权依照法定程序选举代表，并有权依照法定程序罢免自己选出的代表，这对于保证各级人大真正按照人民的意志、代表人民的利益行使国家权力，是非常重要的。

2. 人大和它的常委会集体行使国家权力，集体决定问题，严格按照民主集中制的原则办事。宪法规定了人大及其常委会的职权。按照这一规定，全国性的重大问题经过全国人大及其常委会讨论和决定，地方性的重大问题经过地方人大及其常委会讨论和决定，而不是由一个人或少数几个人决定，这就能使国家的权力最终掌握在全体人民手中。

3. 国家行政机关、审判机关、检察机关都由人大产生，对它负责，向它报告工作，受它监督。人民代表大会统一行使国家权力，在这个前提下，明确划分国家的行政权、审判权、检察权。这样，既能使我们国家的行政、审判、检察机关不脱离人民代表大会或者违背人民代表大会的意志而进行活动，又能使各个国家机关在法律规定的各自职权范围内独立负责地进行工作，形成一个统一的整体。

4. 中央和地方国家机构职能的划分，遵循在中央统一领导下充分发挥地方的主动性、积极性的原则。全国人大和地方各级人大各自按照法律规定的职权，分别审议决定全国的和地方的大政方针。全国人大对地方人大不是领导关系，而是法律监督关系、选举指导关系和工作联系关系。国务院对各级地方政府是领导关系。全国人大和国务院决定的事情，地方必须遵照执行，同时给地方以充分的自主权。这样，既有利于统一领导，又有利于发挥地方积极性，加快社会主义现代化建设步伐。

5. 我国是一个统一的多民族国家，各少数民族聚居的地方实行民族区域自治。民族区域自治地方的自治机关，一方面受中央和上级机关的领导，行使宪法赋予的一般地方国家机关的职权；另一方面享有宪法和法律赋予的自治权。这样，就能够把各民族紧密地团结在一起，保障国家的独立和繁荣。

我国实行人民代表大会制度是由中国革命的艰巨性和中国社会的复杂性所决定的。中国革命胜利后建立的政权，既不可能是资产阶级的专政，也不可能是无产阶级一个阶级的专政，而只能是各革命阶级的联合专政，也就是现在说的人民民主专政。与这种政权性质相适应的政权组织形式，既不能采用旧民主主义的议会制，也不能照搬俄国十月革命后的苏维埃制，而只能吸收革命统一战线内各革命阶级、各方面代表人物共同参加人民代表会议，最后形成人民代表大会制度。只有这样的制度，才具有最广泛的社会基础，才能充分反映各方面的意志和要求，才会极大地焕发各族人民的民主意识和革命热情，也才能最有力量地去完成革命和建设的各项任务。

二、中国特色社会主义的基本政治制度

中国特色社会主义的基本政治制度主要有三项内容，即中国共产党领导的多党合作和政治协商制度、民族区域自治制度以及基层群众自治制度。它是根本政治制度——人民代表大会制度的丰富和展开。

（一）中国共产党领导的多党合作和政治协商制度

政党制度是国家政治制度的重要组成部分。中国共产党领导的多党合作和政治协商制度，是马克思主义政党理论和统一战线学说与我国实际相结合的产物，是我国的一项基本政治制度。它既不同于西方资本主义国家的多党制或两党制，也有别于一些国家实行的一党制。中国共产党领导的

多党合作和政治协商制度，是在党领导人民争取民族独立和阶级解放的长期武装斗争历程中逐步形成的，是在我们党领导全国人民进行社会主义建设和改革开放的伟大历程中不断完善发展起来的。正如邓小平所说："在中国共产党的领导下，实行多党派的合作，这是我国具体历史条件和现实条件所决定的，也是我国政治制度中的一个特点和优点。"[①]

《中国人民政治协商会议共同纲领》的颁布及新政协的筹建，标志着中国特色政党制度初步形成。1987年，中共十三大提出中国共产党领导的多党合作和政治协商制度是我国的基本政治制度。1989年中共中央制定《关于坚持和完善中国共产党领导的多党合作和政治协商制度的意见》，第一次明确了中国共产党和各民主党派在国家政治生活中的地位、作用以及共产党领导的多党合作制度实施的原则、内容和形式，多党合作进入相对成熟和规范的发展阶段。2007年11月，国务院发布《中国的政党制度》，首次以白皮书形式向世界宣示中国的政党制度。

作为国家的一项基本政治制度，我国的多党合作制度规定了中国共产党和各民主党派在国家政治生活中的地位、作用和相互关系。中国共产党处于领导和执政地位。中国共产党领导中国人民完成了新民主主义革命的任务，实现了民族独立和人民解放；建立了人民当家作主的国家政权，维护了国家统一和各民族团结；建立了社会主义制度，实现了中国历史上最广泛最深刻的社会变革；开创了中国特色社会主义事业，为实现国家富强和人民幸福探索出了一条正确道路。中国共产党代表中国先进生产力的发展要求，代表中国先进文化的前进方向，代表中国最广大人民的根本利益。中国共产党的坚强领导是中国实现社会主义现代化的根本保证，是维

①《邓小平文选》（第二卷），人民出版社，1994，第205页。

护中国国家统一、社会和谐稳定的根本保证，是把亿万人民团结起来、共同建设美好未来的根本保证。这是中国各族人民在长期革命、建设、改革实践中形成的政治共识。

各民主党派是中国的参政党。中国人民民主专政的内在要求和各民主党派在中国政治生活中的实际作用，决定了民主党派的参政党地位。各民主党派作为各自所联系的一部分社会主义劳动者、社会主义事业建设者和拥护社会主义的爱国者的政治联盟，属于人民的范畴，在中国共产党的领导下参政议政，是人民民主的重要体现。民主党派参政的基本点是：参加国家政权，参与国家大政方针和国家领导人选的协商，参与国家事务的管理，参与国家方针政策、法律法规的制定和执行。参政党的地位和参政权利受到宪法和法律的保护。

中国共产党与各民主党派形成了团结合作的新型政党关系。中国共产党与各民主党派在长期的共同奋斗中，形成了亲密的友党关系。中国共产党的基本理论、基本路线、基本纲领、基本经验、基本要求得到各民主党派的认同，建设中国特色社会主义成为中国各政党的共同目标。在保持宽松稳定、团结和谐的政治环境下，中国共产党与各民主党派实行广泛的政治合作，照顾同盟者的政治利益和物质利益，团结他们一道前进。

中国共产党与各民主党派的合作具有丰富的内容。2017年11月，国务院发布了《中国的政党制度》白皮书，进一步明确了民主党派参政议政的内容："第一，中国共产党就重大方针政策和重要事务同各民主党派进行政治协商，实行相互监督。第二，各民主党派成员在国家权力机关中占有适当数量，依法履行职权。第三，各民主党派成员担任国家及地方人民政府和司法机关的领导职务；各级人民政府通过多种形式与民主党派联系，发挥他们的参政议政作用。第四，各民主党派通过人民政协参加国家重大事务的协商。第五，中国共产党支持民主党派参加改革开放和社会主义现代化建设。为经济社会发展服务，是各民主党派履行参政党职能的重要内容，是中国多党合作制度的一大特色。”

中国共产党与各民主党派互相监督。这种监督是通过提出意见、批评、建议的方式进行政治监督。由于中国共产党处于领导和执政地位，更需要来自民主党派的监督。民主党派民主监督的内容是：国家宪法和法律法规的实施情况，中国共产党的政府重要方针政策的制定和贯彻执行情况，中国共产党各级党委的工作和中共党员干部履行职责、为政清廉等方面的情况。民主党派的监督，对于加强和改善中国共产党的领导，健全社会主义监督体系，有着重要而独特的作用。

（二）民族区域自治制度

中华人民共和国是一个统一的多民族国家。迄今为止，通过识别并由中央政府确认的民族有56个。中国各民族之间人口数量相差很大，其中汉族人口最多，其他55个民族人口相对较少，习惯上被称为“少数民族”。据2010年第六次全国人口普查显示，55个少数民族人口占全国人口的8.49%。中国各族人民都为缔造统一的多民族国家，创造悠久灿烂的中华文明，推动中国历史的发展进步，作出了自己的重要贡献。

1949年9月29日，中国人民政治协商会议第一次全体会议通过了《中国人民政治协商会议共同纲领》，在这部起到临时宪法作用的文件中，专章论述了民族政策，提出：“各少数民族聚居的地区，应实行民族的区域自治。”1952年8月9日，中央人民政府公布《中华人民共和国民族区域自治实施纲要》，这是新中国成立后比较早颁布的法律性文件之一，足以看出当时的党和政府对这一政策的重视程度。1984年5月31日，第六届全国人民代表大会第二次会议通过了《中华人民共和国民族区域自治法》（以下简称《民族区域自治法》），这是民族区域自治制度发展进程中的里程碑。这部法律明确指出：“民族区域自治是中国共产党运用马克思列宁主义解决我国民族问题的基本政策，是国家的一项重要政治制度。”在1993年的全国统战工作会议上，江泽民指出：“‘民族区域自治’是我们党正确处理民族问题的一项基本政策和国家的一项基本政治制度。”①

民族自治地方的自治机关行使《宪法》第三章第五节规定的地方国家机关的职权，同时依照《宪法》《民族区域自治法》和其他法律的规定行使自治权。自治权主要包括七项内容：（1）自主管理本民族、本地区的内部事务；（2）享有制定自治条例和单行条例的权力；（3）使用和发展本民族语言文字；（4）尊重和保障少数民族宗教信仰自由；（5）保持或者改革本民族风俗习惯；（6）自主安排、管理、发展经济建设事业；（7）自主发展教育、科技、文化等社会事业。

我国民族区域自治制度具有显著的优势，主要表现在以下几个方面：

第一，民族区域自治保障了各民族人民充分行使当家作主的权利。按照宪法和民族区域自治法规定，各少数民族依法享有平等参与管理国家事务的权利，同时享有自己管理本地方、本民族事务的权利。

第二，民族区域自治保障了对少数民族干部的培养、选拔和使用。重视培养和使用少数民族干部，是我们党一贯的方针。

第三，民族区域自治保障了民族地区经济文化社会事业的发展。发展民族地区经济文化社会事业是党的民族政策的着眼点，是民族地区的中心工作，又是坚持和完善民族区域自治制度、加强民族团结、实现共同繁荣

①《民族工作文献选编》，中央文献出版社，2003，第94页。

的题中应有之义。

第四，民族区域自治保障了祖国统一、民族团结和社会稳定。加强民族团结，反对民族分裂，维护祖国统一，保持社会稳定，是国家最高利益之所在，是各族人民根本利益之所在，也是巩固国防的基本前提，更是确保边疆长治久安的重要基础。

（三）基层群众自治制度

基层群众自治制度，是指我国城乡居民群众以相关法律法规政策为依据，在城乡基层党组织领导下，在居住地范围内，依托基层群众自治组织，直接行使民主选举、民主决策、民主管理和民主监督等权利，实行自我管理、自我服务、自我教育、自我监督的制度与实践。从形式上讲，目前我国的基层群众自治包括农村的村民自治和城市的居民自治，也包括企事业单位的职工代表大会制度和业主委员会等群众性社会组织的基层群众自治。从一定意义上说，基层群众自治是人民当家作主最有效、最广泛的途径。

中国共产党在领导社会主义建设的过程中，将社会主义自治理论同中国具体实际相结合，实现了社会主义自治理论的中国化、当代化。逐渐构建了民族区域自治、基层群众自治、一国两制下的特别行政区自治等新型自治制度，在实践中丰富和发展了马克思主义的自治理论。20世纪80年代初，由农民群众首创的村民自治制度一出现就得到了党和国家领导人的充分肯定，并将其制度化，使之成为农村基层治理的有效方式。村民自治和居民自治共同构成了中国特色基层群众自治制度的基本架构，不仅遵循了社会主义经典作家的社会主义自治理论，特别是强调通过自治实现社会参与，发展社会主义民主的重要思想。更重要的是，基层群众自治的理论和精神实现了社会主义自治理论的创新和发展。

当代中国基层民主建设在改革开放40年来已结出丰硕的果实。目前，我们已经建立起了以农村村民委员会、城市居民委员会和企业职工代表大会为主要内容的基层民主自治体系。人民群众在城乡基层群众性自治组织中，依法直接行使民主选举、民主决策、民主管理和民主监督的权利，对所在基层组织的公共事务实行民主自治。这一当代中国最直接、最广泛的民主实践，为我国基层民主政治建设提供了诸多启示。

以村委会为中心的农村基层民主建设主要体现为村民自治。这是广大农民直接行使民主权利，依法办理自己的事情，实行自我管理、自我教育、自我服务的一项基本制度。村民自治发端于20世纪80年代初期，家庭联产承包责任制的创举打破了原有的农村社会结构，党中央在肯定和鼓励农村经济变革的同时也对农村基层自治制度予以肯定。实践证明，村民自治是适合中国国情的推进农村基层民主政治建设的有效途径。

城市居民委员会是城市基层实现直接民主的重要形式。农村的基层民主建设是替代原有的人民公社制度，城市的基层民主建设则是替代原有的单位制。随着社会主义市场经济的逐步建立，原来与计划经济体制相适应的追求“小而全”的单位制逐渐衰落。随着国有企业改革的展开和民营企业的兴起，单位逐步让位于企业，社会职能则分化剥离出来。这些功能由什么样的组织来承担就提上了议事日程，一方面一部分功能由国家统一管理的社会保障制度承担，另一方面城市居民的公共事务则由城市社区来承担。1999年，民政部制定了《全国社区建设实验区工作实施方案》，提出要改革城市基层管理体制，培育和建立与社会主义市场经济体制相适应的社区建设管理体制和运行机制。据民政部门统计，到2006年底，全国共有社区居民委员会80 717个。目前，政府公共服务正在逐步向社区延伸，居民委员会将发挥越来越重要的作用。

职工代表大会制度是公有制企业中职工实行民主管理的基本形式，是职工通过民主选举，组成职工代表大会，在企业内部行使民主管理权利的一种制度。它是中国基层民主制度的重要组成部分。1988年通过的《中华人民共和国全民所有制企业法》明确规定："职工代表大会是企业实行民主管理的基本形式，是职工行使民主管理权利的机构。"此后，公司法、劳动法、工会法等法律，也均对职工代表大会制度作了相应规定。目前，公有制企业和非公有制企业都不同程度地建立了职工代表大会。

基层群众自治制度的优势主要有四个方面：（1）我国的基层群众自治与人民群众的切身利益密切相关，能够直接反映人民群众的利益诉求。（2）我国的基层群众自治在党和政府的主导下进行，能够坚持正确的方向并稳定有序地发展。（3）我国基层群众自治能够与经济社会发展相适应、相促进。（4）我国的基层群众自治是循序渐进、逐步发展的。主要体现在：（1）党对发展基层群众自治的认识，是与时俱进、逐步深化的；（2）基层群众自治的实践，基本是由点到面、由浅入深，由单领域向多领域逐步推开的；（3）基层群众自治的各项制度、法律和法规，是逐步健全的；（4）人民群众当家作主的能力，也是在实践中逐步提高的。

总而言之，我国的基层群众自治是一条群众主体作用与国家主导作用相统一的民主自治之路，是一条适应经济社会发展需要与为经济社会发展有机统一的民主自治之路，是一条发展的渐进性与发展的创新性有机统一的民主自治之路，是一条培育人民的民主意识与维护人民的创新性有机统一的民主自治之路，是一条培育人民民主意识与维护人民的实际利益有机统一的民主自治之路，是一条实体性民主与程序性民主有机统一的民主自治之路。我党在准确把握社会主义民主政治发展规律的基础上，把基层群众自治制度提升为我国政治制度的一项基本内容，顺应了时代潮流，符合党心民心，必将产生深远的影响。

第四章
中国特色社会主义法律体系

依法治国，建设社会主义法治国家，是中国共产党领导人民治理国家的基本方略。形成中国特色社会主义法律体系，保证国家和社会生活各方面有法可依，是全面落实依法治国基本方略的前提和基础，是中国发展进步的制度保障。

中国目前的法律体系大体由宪法及宪法相关法、民法商法、行政法、经济法、社会法、刑法、诉讼与非诉讼程序法等七个部分构成，包括法律、行政法规、地方性法规三个层次。2011年3月10日，全国人民代表大会常务委员会委员长吴邦国向十一届全国人民代表大会四次会议作全国人大常委会工作报告时庄严宣布，一个立足中国国情和实际、适应改革开放和社会主义现代化建设需要、集中体现党和人民意志的，以宪法为统帅，以宪法相关法、民法商法等多个法律部门的法律为主干，由法律、行政法规、地方性法规等三个层次的法律规范构成的中国特色社会主义法律体系已经形成。中国特色社会主义法律体系的形成，总体上解决了有法可依的问题，对有法必依、执法必严、违法必究提出了更为突出、更加紧迫的要求。中国将积极采取有效措施，切实保障宪法和法律的有效实施，加快推进依法治国、建设社会主义法治国家的进程。这表明中国已在根本上实现从无法可依到有法可依的历史性转变，各项事业发展步入法制化轨道。报告还郑重宣示了中国坚定不移实施依法治国基本方略，建设社会主义法治国家。

2011年国务院新闻办发表《中国特色社会主义法律体系》白皮书，全面介绍了中国特色社会主义法律体系的形成和内涵，展示了新中国立法成就。白皮书指出，中国特色社会主义法律体系，是中国特色社会主义永葆本色的法制根基，是中国特色社会主义创新实践的法制体现，是中国特色社会主义兴旺发达的法制保障。它的形成，是中国社会主义民主法制建设的一个重要里程碑，体现了改革开放和社会主义现代化建设的伟大成果，具有重大的现实意义和深远的历史意义。

一、中国特色社会主义法律体系的内容

目前我国现有的中国特色社会主义法律体系是以宪法为核心，以法律为主干，包括行政法规、地方性法规等规范性文件在内的，由七个法律部门、三个层次法律规范构成的。国家的经济、政治、文化和社会生活基本的、主要的方面已经做到了有法可依，为全面落实依法治国方略、构建社会主义和谐社会、实现全面建设小康社会的宏伟目标，奠定了坚实的法律基础。

（一）宪法是我国的根本大法，是治国安邦的总章程

宪法相关法是与宪法配套、直接保障宪法实施的宪法性法律规范的总和，包括《全国人民代表大会组织法》《民族区域自治法》《香港特别行政区基本法》《澳门特别行政区基本法》《立法法》《全国人民代表大会和地方各级人民代表大会选举法》《全国人民代表大会和地方各级人民代表大会代表法》《国旗法》《国徽法》等。宪法以法律的形式确认了中国各族人民奋斗的成果，规定了国家的根本制度和根本任务，具有最大的权威性和最高的法律效力。宪法规定了我国的基本经济制度和分配制度，为深化改革、扩大开放、促进发展提供了坚实的法律保障。宪法规定的各项中国特色社会主义政治制度在实践中得到坚持和完善，有力地推动了我国社会主义民主政治建设的发展。宪法对公民的基本权利和义务作了全面的规定，为广大人民群众充分享有民主权利提供了可靠的法律保障，极大地促进了我国人权事业和各项社会事业的发展。宪法规定的实行依法治国基本方略，促进和保障了我国的社会主义民主法制建设。

（二）发展社会主义民主政治的法律不断健全

人民代表大会制度、中国共产党领导的多党合作和政治协商制度、民族区域自治制度、基层群众自治制度等不断完善和发展，公民的基本权利得到尊重和保障。《选举法》《全国人大组织法》《国务院组织法》《地方各级人大和地方各级政府组织法》《民族区域自治法》《法院组织法》《检察院组织法》《立法法》《监督法》等，规定了立法、行政、司法机关的产生、职能、活动以及监督等，保证了人民依照法律规定，通过各种途径和形式，管理国家事务，管理经济和文化事务，管理社会事务，保证

了在人民代表大会制度下，整个国家机构按照一切权力属于人民和民主集中制的原则组成和运转，国家各项工作有序、高效地进行。《行政许可法》《行政处罚法》《行政监察法》《行政复议法》等法律的颁布实施，适应了加强社会管理、提供公共服务、建设法治政府的需要，加强了对行政权力的规范、制约和监督，推进了行政管理体制改革的深化。《村民委员会组织法》《城市居民委员会组织法》等，进一步扩大了农村、城市的基层民主，保证人民群众依法直接行使民主权利，依法管理自己的事情，有力推进了基层民主的发展。《香港、澳门特别行政区基本法》的颁布实施，为香港澳门施政、立法和司法提供了法律依据，体现了“一国两制”的构想，维护了国家的主权和领土完整，促进了香港、澳门的繁荣稳定。《反分裂国家法》将党和国家关于对台工作的一系列重大原则和方针政策措施以法律形式确定下来，对反对和遏制“台独”分裂势力及其活动、维护国家主权和领土完整，发挥着重大作用。

（三）规范和保障社会主义市场经济的法律不断完善

改革开放以来，我国陆续制定了《民法通则》等民事法律。《民法通则》规定了民法的调整对象、基本原则、民事主体、民事行为、民事权利、民事责任，为社会主义市场经济提供基础法律规则。特别是随着社会主义市场经济的建立与完善，规范市场主体及其行为、维护市场秩序、保护知识产权、加强宏观调控、促进对外开放等方面法律相继出台，为经济健康协调可持续发展，提供了重要的法律保障。《物权法》体现了社会主义基本经济制度，遵循平等保护物权的市场法则，强化国有资产保护，贯彻现阶段党在农村的基本政策，规范了现实生活中群众最为关心的问题。《合同法》提供了市场平等主体在交易中需共同遵守的规则。《公司法》《合伙企业法》《个人独资企业法》《商业银行法》等，对各类市场主体及其行为进行规范，保障其公平参与市场竞争。《企业破产法》确立了优胜劣汰机制和陷入困境企业的挽救制度。《担保法》《保险法》《票据法》《拍卖法》《信托法》《招标投标法》《证券法》等规范了特定领域内的市场行为。《专利法》《商标法》《著作权法》等，为知识产权提供法律保护。《反不正当竞争法》《反垄断法》《产品质量法》等，在保护和促进公平竞争、维护市场秩序方面发挥了重要作用，在充分发挥市场机制优化资源配置的同时，运用法律手段对经济发展进行适度宏观调控。《预算法》《个人所得税法》《企业所得税法》《税收征收管理法》等，为相关领域进行宏观调控提供法律保障。《中国人民银行法》等，加强对金融业的监督管理，保证了国家货币政策的正确制定和执行，促进了中央银行调控体系的建立和完善。《中外合资经营企业法》《中外合作经营企业法》《外资企业法》《对外贸易法》等，有力地推动了对外开放事业的发展。2001年以来，为适应世贸组织的要求和建立统一市场的需要，又修订了《对外贸易法》，确立了统一、透明的对外贸易法律制度。

（四）促进社会主义社会建设和文化事业的法律不断完善

制定《劳动法》《劳动合同法》《就业促进法》《安全生产法》《职业病防治法》等，规范、调整用人单位和劳动者权利义务关系，依法促进就业，保护劳动者人身安全和身体健康。制定《社会保险法》，建立和完善社会保障制度，保障公民的生存权和发展权。制定《老年人权益保障法》《妇女权益保障法》《未成年人保护法》《残疾人保障法》等，对弱势群体的合法权益予以保护。制定了科技、文化、卫生等方面的法律，促进社会事业健康发展。制定《治安管理处罚法》《道路交通安全法》《国防法》《海关法》《教育法》《科学技术进步法》《房地产管理法》《体育法》《食品卫生法》《药品管理法》《居民身份证法》《护照法》等社会管理法律，促进了我国经济、文化、教育、卫生、科技等各个领域健康发展。《刑法》以及《民事诉讼法》《行政诉讼法》《刑事诉讼法》等，维护了社会稳定，加强了人权司法保护。

（五）促进社会主义生态文明建设的法律不断完善

为适应建设资源节约型和环境友好型社会，并实现可持续发展的要求，环境法制建设不断加强。《环境保护法》《环境影响评价法》《大气污染防治法》《水污染防治法》《海洋环境保护法》《环境噪声污染防治法》《固体废物污染环境防治法》《放射性污染防治法》《清洁生产促进法》《节约能源法》《可再生能源法》《水土保持法》《矿产资源法》等一系列法律的颁布，明确了环境保护的基本制度，为防治环境污染和其他公害、保护和改善环境、促进资源的合理开发和利用提出了法律依据，促进了我国生态文明建设。

总之，中国特色社会主义法律体系是社会主义制度和社会主义价值观的重要载体，体现了党的主张和人民意志的有机统一，反映了我国现代化建设的历史进程，总结和确认了改革开放以来的最新成果，推动了我国改革开放伟大事业，对于维护社会主义法制统一、保证国家长治久安、坚持和发展中国特色社会主义，发挥了重要作用。当然，中国特色社会主义法律体系需要与时俱进、不断完善。

二、中国特色社会主义法律体系的特征

中国特色社会主义法律体系，是全面实施依法治国基本方略、建设社会主义法治国家的基础，是改革开放40年来经济社会发展实践经验制度化、法律化的集中体现，具有鲜明的时代特征。

（一）体现了中国特色社会主义的本质要求

一国法律体系的性质由一个国家社会制度的性质所决定。我国是工人阶级领导的、以工农联盟为基础的人民民主专政的社会主义国家。在社会主义初级阶段，我国实行公有制为主体、多种所有制经济共同发展的基本经济制度。这就决定了我们构建的必然是中国特色社会主义性质的法律体系，它以邓小平理论、“三个代表”重要思想、科学发展观、习近平新时代中国特色社会主义思想为指导，深入贯彻落实科学发展观，坚持党的领导、人民当家作主、依法治国有机统一。它包括的全部法律规范，确立的各项法律制度，必须有利于巩固和发展社会主义制度，以体现人民共同意志、维护人民根本利益、保障人民当家作主为本质要求。这是以公有制为基础的中国特色社会主义法律体系与以私有制为基础的资本主义法律体系的本质区别。哪些法律需要制定，哪些法律不需要制定，具体法律制度的内容如何，都要从社会主义的本质要求出发，从中国特色社会主义制度和处于社会主义初级阶段的实际出发，从人民群众的根本意志和长远利益出发。

（二）体现了改革开放和社会主义现代化建设的时代要求

新时期最鲜明的特点是改革开放。改革开放作为当代中国的伟大社会实践，为法律体系的建立和完善提供了波澜壮阔的舞台。中国特色社会主

义法律体系与改革开放和现代化建设相伴而生、相互促进，具有鲜明的时代特征。一方面，改革开放和现代化建设为法律体系构建提供内在需求和动力，提供实践基础和经验。改革开放和现代化建设越向前推进，经济社会的发展变化越深刻，对健全和完善法律制度的要求就越迫切，法律体系构建所依赖的基础也就越扎实。另一方面，法律体系的构建为改革开放和现代化建设提供法制环境，积极发挥促进、规范、指引和保障作用，注意妥善处理法律稳定性和改革变动性的关系，在及时肯定已有成功做法、巩固已有改革开放成果的同时，又要为进一步改革开放留下空间。

（三）体现了结构内在统一而又多层次的科学要求

中华人民共和国成立后，建立了统一的、多民族的、单一制的社会主义国家。由于历史的原因，我国各地经济社会发展很不平衡。与此相适应，在最高国家权力机关集中行使立法权的前提下，为了使我们的法律既能通行全国，又能适应各地方千差万别不同情况的需要，以便在实践中能行得通，遵循在中央统一领导下充分发挥地方主动性、积极性的宪法原则，我国逐步确立了统一而又分层次的立法体制。实践证明，这一立法体制符合我国国情，是行之有效的。与这一立法体制相适应，中国特色社会主义法律体系在结构上表现为统一而又多层次的特征，既有全国人大及其常委会制定的法律，也有国务院制定的行政法规，还有地方人大及其常委会依据法定权限制定的地方性法规。这一立法体制也决定了各构成部分在法律体系中的地位和作用，概括地说，宪法是统帅，法律是主干，行政法规和地方性法规是对国家法律的细化和补充。它们由不同立法主体按照宪法和法律规定的立法权限制定，具有不同效力，都是中国特色社会主义法律体系的有机组成部分，共同构成一个完整的统一体，符合统一、系统、分层的科学要求。

（四）继承中国法制文化优秀传统和借鉴人类法制文明成果

中国特色社会主义法律体系的构建，始终立足于基本国情，从实际出发，坚持将传承历史传统、借鉴文明成果和进行制度创新有机结合起来，做到古为今用、洋为中用、兼容并蓄，充分体现这个法律体系在文化上的先进性、包容性和广泛性。一方面，继承中华法制文化中的优秀成分，适应改革开放和现代化建设需要进行制度创新。另一方面，充分吸收人类法律文明的成果，借鉴国外的有益经验，但又不是简单地照搬照抄，而是根据中国国情和实际，吸收有益之处为我所用。实践证明，只有既继承发扬我国优秀的法律文化传统，又借鉴吸收人类法律文明成果，才能走出一条符合我国国情、顺应时代潮流的中国特色社会主义法治道路。

（五）体现了动态、开放、与时俱进的发展要求

经过改革开放40年的努力，目前国家经济、政治、文化、社会生活的各个方面总体上做到了有法可依。但是，必须看到，社会实践是法律的基础，法律是实践经验的总结，并随着社会实践的发展而不断发展。实践没有止境，法律体系也要与时俱进、不断创新，它必然是动态的、开放的、发展的，而不是静止的、封闭的、固定的。我国正处于并将长期处于社会主义初级阶段，整个国家还处于体制改革和社会转型时期，社会主义制度还需要不断自我完善和发展，社会主义市场经济体制也还有个完善过程，因而反映并规范这种制度和体制的中国特色社会主义法律体系，就必然具有稳定性与变动性、阶段性与前瞻性相统一的特点，必将为适应我国经济社会发展和法治建设进程的现实需要而不断发展完善。社会实际变化了，

法律体系必将随之变化并与之相适应。随着经济社会的不断发展，我们需要及时制定新的法律规范，修改原有的法律规范，废止不符合社会实际、过时的法律规范。因此，不能用静止、孤立的眼光看待法律体系，而应始终保持发展的、开放的态度。

三、中国特色社会主义法律体系的意义

一个立足中国国情和实际、适应改革开放和社会主义现代化建设需要、集中体现党和人民意志的，以宪法为统帅，以宪法相关法、民法商法等多个法律部门的法律为主干，由法律、行政法规、地方性法规等多个层次的法律规范构成的中国特色社会主义法律体系已经形成，国家经济建设、政治建设、文化建设、社会建设以及生态文明建设的各个方面实现有法可依，党的十五大提出到2010年形成中国特色社会主义法律体系的立法工作目标已经如期完成。中国特色社会主义法律体系的形成，是我国社会主义民主法制建设史上的重要里程碑，具有重大的现实意义和深远的历史意义。

（一）中国特色社会主义法律体系是中国特色社会主义永葆本色的法制根基

把马克思主义基本原理同中国具体实际相结合，走自己的路，建设中国特色社会主义，是我们党总结历史经验得出的基本结论，也是我们国家发展进步的唯一正确道路。坚持中国特色社会主义道路，最重要的是坚持正确的政治方向，在涉及国家根本制度等重大原则问题上不动摇。动摇

了，不仅社会主义现代化建设无从谈起，已经取得的发展成果也会失去，甚至国家可能陷入内乱的深渊。

中国特色社会主义法律体系，以宪法和法律的形式确立了国家的根本制度和根本任务，确立了中国共产党的领导地位，确立了马克思列宁主义、毛泽东思想、邓小平理论和“三个代表”重要思想、科学发展观、习近平新时代中国特色社会主义思想的指导地位，确立了工人阶级领导的、以工农联盟为基础的人民民主专政的国体，确立了人民代表大会制度的政体，确立了国家一切权力属于人民、公民依法享有广泛的权利和自由的民主制度，确立了中国共产党领导的多党合作和政治协商制度、民族区域自治制度以及基层群众自治制度，确立了公有制为主体、多种所有制经济共同发展的基本经济制度和按劳分配为主体、多种分配方式并存的分配制度。

从中国国情出发，郑重表明我们不搞多党轮流执政，不搞指导思想多元化，不搞“三权鼎立”和两院制，不搞联邦制，不搞私有化。中国特色社会主义法律体系的形成，夯实了立国兴邦、长治久安的法律根基，从制度上、法律上确保中国共产党始终成为中国特色社会主义事业的领导核心，确保国家一切权力牢牢掌握在人民手中，确保民族独立、国家主权和领土完整，确保国家统一、社会安定和各民族大团结，确保坚持独立自主的和平外交政策、走和平发展道路，确保国家永远沿着中国特色社会主义的正确方向奋勇前进。

（二）中国特色社会主义法律体系是中国特色社会主义创新实践的法制体现

改革开放是我们党带领全国各族人民作出的决定当代中国命运的关键抉择，也是坚持和发展中国特色社会主义、实现中华民族伟大复兴的必由之路，赋予了社会主义新的生机活力。改革开放40年来，我们始终坚持以经济建设为中心，全面推进改革开放，成功实现了从高度集中的计划经济体制到充满活力的社会主义市场经济体制、从封闭半封闭到全方位开放的伟大历史转折，极大地调动了亿万人民的积极性，极大地解放和发展了社会生产力，我国以世界上少有的速度持续快速向前发展。我们及时把改革开放和社会主义现代化建设的实践经验上升为法律，并与时俱进，根据改革开放中出现的新情况新问题，从推动经济发展方式转变，推动依法行政和公正司法，推动以保障和改善民生为重点的社会建设，推动社会主义文化大发展大繁荣，推动人与自然和谐相处等方面制定和完善相应的法律制度，充分发挥法律的规范、引导、保障和促进作用。中国特色社会主义法律体系的形成，从制度上、法律上保障国家始终坚持改革开放的正确方向，着力构建充满活力、富有效率、更加开放、有利于科学发展的体制机制，推动我国社会主义制度不断自我完善和发展。

（三）中国特色社会主义法律体系是中国特色社会主义兴旺发达的法制保障

实现现代化，是一代又一代中国人梦寐以求的美好愿景和矢志不渝的奋斗目标。改革开放40年来，我们开辟了中国特色社会主义道路，形成了中国特色社会主义理论体系，创立了中国特色社会主义制度，建设了中国特色社会主义文化，这是我们取得一切成绩和进步的根本原因。我们将始终高举中国特色社会主义伟大旗帜，不惧任何风险，不被任何干扰所惑，聚精会神搞建设，一心一意谋发展，到2020年实现全面建成小康社会的奋斗目标，到21世纪中叶基本实现现代化。我们已经取得的发展成就离不开法制的保障，我们奋力开创更加美好的未来也离不开法制的保障。

中国特色社会主义法律体系的形成，把国家各项事业发展纳入法制化轨道，从制度上、法律上解决了国家发展中带有根本性、全局性、稳定性和长期性的问题，为社会主义市场经济体制的不断完善、社会主义民主政治的深入发展、社会主义先进文化的日益繁荣、社会主义和谐社会的积极构建，确定了明确的价值取向、发展方向和根本路径，为建设富强民主文明和谐美丽的社会主义现代化国家、实现中华民族伟大复兴奠定了坚实的法制基础。

形成中国特色社会主义法律体系，是中国共产党领导亿万人民发展社会主义民主、健全社会主义法制取得的重大成果。以毛泽东为核心的党的第一代中央领导集体，带领全国各族人民经过长期浴血奋战，建立中华人民共和国，并制定了《共同纲领》和新中国第一部宪法，确立国家基本制度，为社会主义民主法制建设和中国特色社会主义法律体系的形成奠定了根本政治前提和制度基础。

以邓小平为核心的党的第二代中央领导集体，深刻总结“文化大革命”的惨痛教训，在作出把党和国家工作重心转移到经济建设上来、实行改革开放历史性决策的同时，把加强社会主义民主法制建设作为坚定不移的方针确定下来，强调必须使社会主义民主制度化、法律化，强调这种制度和法律不因领导人的改变而改变，不因领导人看法和注意力的改变而改变，强调要做到有法可依，有法必依，执法必严，违法必究，由此开辟了社会主义民主法制建设蓬勃发展的新时期。

以江泽民为核心的党的第三代中央领导集体，带领全党全国各族人民把改革开放伟大事业成功推向21世纪，不断丰富和发展了中国特色社会主义民主法制建设思想，第一次将依法治国确定为党领导人民治理国家的基本方略，把建设社会主义法治国家作为社会主义现代化建设的重要内容，并明确提出到2010年形成中国特色社会主义法律体系的立法工作目标，开启了社会主义民主法制建设的新阶段。

以胡锦涛为总书记的党中央开拓创新，在全面建设小康社会实践中坚定不移地把改革开放伟大事业继续推向前进，提出科学发展观的重大战略思想和构建社会主义和谐社会的重大战略任务，全面实施依法治国基本方略，强调发展社会主义民主政治最根本的是坚持党的领导、人民当家作主、依法治国有机统一，开创了社会主义民主法制建设的新局面。

党的十八大以来，以习近平为核心的新一届中央领导集体继往开来，与时俱进，党的领导、人民当家作主、依法治国有机统一的制度建设全面加强，党的领导体制机制不断完善，中国特色社会主义法制体系日益完善，行政司法体制改革、权力运行制约和监督体系建设有效实施。

形成中国特色社会主义法律体系，是各方面长期共同努力的结果。全国人大及其常委会认真履行宪法和法律赋予的职责，不断加强和改进立法工作，着力提高立法质量，为形成中国特色社会主义法律体系做了大量卓有成效的工作。国务院适应经济社会发展和法律实施的需要，依法及时制定行政法规，地方人大及其常委会结合本地实际，依法制定大量地方性法规，为形成中国特色社会主义法律体系作出了重要贡献。地方各级人民政府、各级人民法院和人民检察院以及军队等有关方面，以及广大人民群众和专家学者大力支持和积极参与立法工作，也为形成中国特色社会主义法律体系贡献了智慧和力量。

第五章
中国特色社会主义基本经济制度

基本经济制度是对一个社会所有制结构的规范表达，是生产关系中所有制关系在制度层面的反映。中国特色社会主义基本经济制度是以公有制为主体、多种所有制经济共同发展的经济制度。这里值得注意的是，中国特色社会主义基本经济制度，不同于苏联模式中的所有制结构，也不同于马克思主义经典作家所描述的社会主义基本制度，中国特色社会主义基本经济制度，首先强调具有中国特色，是结合我国的具体国情发展起来的经济制度；其次强调的是具有社会主义性质，而不是资本主义性质的制度；最后强调的是基本的经济制度，而不是具体的经济制度，“坚持和完善基本经济制度必须要毫不动摇地巩固和发展公有制经济，也要毫不动摇地鼓励、支持和引导非公有制经济发展”①。

世界每时每刻都在发生变化，中国也每时每刻都在发生变化，我们必须在理论上跟上时代的步伐，才能不断认识规律，才能在中国特色社会主义实践的基础上推进理论创新。十八大以

①肖贵清等：《制度自信——中国特色社会主义制度研究》，高等教育出版社，2017，第140页。

来，国内外形势变化和我国各项事业发展都给我们提出了一个重大的研究课题，这就是我们必须从理论和实践结合上系统回答新时代应该坚持和发展什么样的中国特色社会主义基本经济制度、怎样坚持和发展中国特色社会主义基本经济制度。

“实现‘两个一百年’奋斗目标、实现中华民族伟大复兴的中国梦，不断提高人民生活水平，必须坚定不移把发展作为党执政兴国的第一要务，坚持解放思想和发展社会生产力，坚持社会主义市场经济改革方向，推动经济持续健康发展。”[①]目前，“我国经济已由高速增长阶段转向高质量发展阶段，正处在转变发展方式、优化经济结构、转换增长动力的攻关期，建设现代经济体系是跨越关口的迫切要求和我国发展的战略目标。必须坚持质量第一、效益优先，以供给侧结构性改革为主线，推动经济发展质量转变、效率变革、动力变革，提高全要素生产率，着力加快建设实体经济、科技创新、现代金融、人力资源协同发展的产业体系，着力构建市场机制有效、微观主体有活力、宏观调控有度的经济体制，不断增强我国经济创新力和竞争力”[②]。习近平新时代中国特色社会主义思想的提出，让21世纪中国的马克思主义更加旗帜鲜明，其中所展现出的强大真理力量让世界更深刻地认识了反映中国立场、中国智慧、中国价值的理念、主张和方案。

①习近平：《决胜全面建成小康社会　夺取新时代中国特色社会主义伟大胜利——在中国共产党第十九次全国代表大会上的报告》，人民出版社，2017，第29-30页。

②习近平：《决胜全面建成小康社会　夺取新时代中国特色社会主义伟大胜利——在中国共产党第十九次全国代表大会上的报告》，人民出版社，2017，第30页。

一、实行公有制为主体、多种所有制经济共同发展的基本经济制度

实行公有制为主体、多种所有制经济共同发展的基本经济制度，是中国共产党确立的一项大政方针，是中国特色社会主义基本经济制度的重要组成部分，更是完善社会主义市场经济体制的必然要求。党的十五大把“公有制为主体、多种所有制经济共同发展”确立为我国的基本经济制度，明确提出“非公有制经济是我国社会主义市场经济的重要组成部分”。党的十六大提出“毫不动摇地巩固和发展公有制经济”，“毫不动摇地鼓励、支持和引导非公有制经济发展”。党的十八大进一步明确提出“毫不动摇鼓励、支持、引导非公有制经济发展，保证各种所有制经济依法平等使用生产要素、公平参与市场竞争、同等受到法律保护”。党的十九大提出“必须坚持和完善我国社会主义基本经济制度和分配制度，毫不动摇巩固和发展公有制经济，毫不动摇鼓励、支持、引导非公有制经济发展，使市场在资源配置中起决定性作用，更好发挥政府作用”①。

由此可见，虽然我国经济发展阶段发生了转变，已经由高速增长阶段转向为高质量发展阶段，但是我们党在坚持基本经济制度上的观点是明确的、一贯的，是不断深化的、从来没有动摇的。在新时代我们必须坚持把习近平新时代中国特色社会主义思想作为经济发展的指导思想，必须坚持实行以公有制为主体、多种所有制经济共同发展的基本经济制度，这里值得注意的是非公有制经济在我国经济社会发展中所充当的角色没有改变，我们将毫不动摇地鼓励、支持、引导非公有制经济发展，促进公有制经济

---

①习近平：《决胜全面建成小康社会　夺取新时代中国特色社会主义伟大胜利——在中国共产党第十九次全国代表大会上的报告》，人民出版社，2017，第21页。

和非公有制经济健康、协调、有序发展，为中国特色社会主义经济的发展营造良好环境和提供更多的机会，推动我国经济在实现高质量发展的道路上不断取得新进展。

二、实行按劳分配为主体的多种分配方式并存的分配制度

社会主义初级阶段的基本国情，决定了我们国家的基本经济制度必须坚持按劳分配为主体、多种分配方式并存的分配制度。党的十九大报告中明确指出："我国仍处于并将长期处于社会主义初级阶段的基本国情没有变，我国是世界最大发展中国家的国际地位没有变。全党要牢牢把握社会主义初级阶段这个基本国情，牢牢立足社会主义初级阶段这个最大实际，牢牢坚持党的基本路线这个党和国家的生命线、人民的幸福线，领导和团结全国各族人民，以经济建设为中心，坚持四项基本原则，坚持改革开放，自力更生，艰苦创业，为把我国建设成为富强民主文明和谐美丽的社会主义现代化强国而奋斗。"①从这一重大判断中，我们可以得出两层含义：一是我国已经是社会主义社会，我们必须坚持而不能离开社会主义；二是我国的社会主义社会还处于初级阶段，还没有从根本上摆脱生产力比较落后的状态。

社会主义初级阶段的基本国情，决定着我国生产资料所有制结构不能搞单一的公有制经济，而是要以公有制为主体、多种非公有制经济并存，这就决定了我国的分配制度既要坚持按劳分配的社会主义分配原则，也要

①习近平：《决胜全面建成小康社会　夺取新时代中国特色社会主义伟大胜利——在中国共产党第十九次全国代表大会上的报告》，人民出版社，2017，第12页。

承认其他多种分配方式存在的合理性，坚持按劳分配为主体、多种分配方式并存的分配制度。

1978年12月，党的十一届三中全会首先以农村为突破口进行分配制度改革，提出公社各集体组织必须认真执行按劳分配原则，按劳动的数量和质量计算报酬，克服平均主义，普遍实行家庭联产承包责任制，极大地调动了农民生产的积极性；1987年10月，党的十三大报告中明确提出，社会主义初级阶段的分配方式不可能是单一的，必须实行以按劳分配为主体的多种分配方式和正确的分配政策，这一时期，除了按劳分配这种主要分配方式以及个体劳动所得以外，还存在诸如因企业发行债券筹集资金而出现的凭债权取得利息等分配方式；1992年，党的十四大在明确我国经济体制改革目标的前提下，进一步重申“在分配制度上，以按劳分配为主体、以其他分配方式为补充”，并且首次提出兼顾效率与公平的原则；2002年，党的十六大提出“完善按劳分配为主体、多种分配方式并存的分配制度”，在分配制度改革方面取得了新突破，提出“以共同富裕为目标，扩大中等收入者比重，提高低收入者收入水平”；2007年，党的十七大再次强调“要坚持和完善按劳分配为主体、多种分配方式并存的分配制度”，提出“初次分配和再分配都要处理好效率和公平的关系，再分配更加注重公平”；2012年，党的十八大以鲜明的态度强调指出“千方百计增加居民收入”，努力实现居民收入增长和经济发展同步、劳动报酬增长和劳动生产率同步，提高居民收入在国民收入分配中的比重，提高劳动报酬在初次分配中的比重；2017年，党的十九大报告明确提出“坚持按劳分配原则，完善按要素分配的体制机制，促进收入分配更合理、更有序。鼓励勤劳守法致富，扩大中等收入群体，增加低收入者收入，调节过高收入，取缔非法收入。坚持在经济增长的同时实现居民收入同步增长、在劳动生产率提高的同时实现劳动报酬同步提高。拓宽居民劳动收入和财产性收入渠道。履行好政府再分配调节职能，加快推进基本公共服务均等化，缩小收入分配差距”①。

由此可见，当前和今后一个时期，我国处于社会主义初级阶段的基本国情，决定了我国的基本分配制度将继续坚持按劳分配原则，因为按劳分配原则体现了社会主义经济制度的性质。同时，还将进一步完善按要素分配的体制机制，促进收入分配更加合理、更加有序，扩大中等收入群体，增加低收入者收入。在这个过程中，要注重发挥好政府的职能，加快推进基本公共服务均等化，缩小收入分配差距。在社会主义市场经济的条件下，按劳分配和按生产要素分配通过市场机制相互结合在一起，有利于促进公平和提高效益。

我国社会主义分配制度正是根据社会主义发展所处的不同阶段、所有制形式及实现形式的变化和其他具体情况进行调整，当前阶段我国实行的是以按劳分配为主体、多种分配方式并存的分配制度。

三、实行以国家主导型的多结构的市场制度

所谓国家主导型的多结构市场制度，是指多结构地发展市场体系，在发挥市场对资源配置的基础性作用的同时，在廉洁、廉价、民主、高效的基础上发挥国家调节的主导作用，既运用市场调节功能去抑制“国家调节失灵”，又注重用国家调节功能来纠正“市场调节失灵”，以实现“基

①习近平：《决胜全面建成小康社会　夺取新时代中国特色社会主义伟大胜利——在中国共产党第十九次全国代表大会上的报告》，人民出版社，2017，第46-47页。

础—主导”功能性双重调节机制。

邓小平在1992年初视察南方发表重要谈话时说：“计划经济不等于社会主义，资本主义也有计划；市场经济不等于资本主义，社会主义也有市场。计划和市场都是经济调节的手段。”党的十一届三中全会明确提出：“现在我国经济管理体制的一个严重缺点是权力过于集中”，“应该坚决实行按经济规律办事，重视价值规律的作用”。党的十二大提出，计划经济为主、市场调节为辅；十二届三中全会提出，社会主义经济是公有制基础上的有计划的商品经济；党的十三大提出适应社会主义有计划商品经济体制应该是计划与市场内在统一的体制；十三届四中全会后提出建立适应有计划商品经济发展的计划经济与市场调节相结合的经济体制和运行机制；党的十四大明确提出，建立社会主义市场经济体制，发展社会主义市场经济，这是对马克思主义经济理论的又一新贡献，使我国改革开放和现代化建设事业进入一个新的阶段；党的十六届三中全会作出了《中共中央关于完善社会主义市场经济体制若干问题的决定》，这是进一步深化经济体制改革，完善社会主义市场经济体制，促进经济社会全面发展的纲领性文件；党的十九大提出要“加强完善社会主义市场经济体制。经济体制改革必须以完善产权制度和要素市场化配置为重点，实现产权有效激励、要素自由流动、价格反应灵活、竞争公平有序、企业优胜劣汰。要完善各类国有资产管理体制，改革国有资本授权经营体制，加快国有经济布局优化、结构调整、战略性重组，促进国有资产保值增值，推动国有资本做强做优做大，有效防止国有资产流失。深化国有企业改革，发展混合所有制经济，培育具有全球竞争力的世界一流企业”①。

①习近平：《决胜全面建成小康社会　夺取新时代中国特色社会主义伟大胜利——在中国共产党第十九次全国代表大会上的报告》，人民出版社，2017，第33页。

我国经过经济体制改革，最终在1992年明确把社会主义市场经济体制作为改革的目标，而作为经济体制改革目标的社会主义市场经济实质上是一种现代市场经济，在国家宏观调控下发挥市场在资源配置中的基础性作用。

我国处于社会主义初级阶段，按照社会主义经济制度性质的要求，我国经济体制改革必须要坚持两条原则：一个就是要坚持公有制为主体，另外一个就是要实现共同富裕。要坚持公有制为主体和实现共同富裕，经济体制改革就必然要面对社会主义与市场经济如何实现兼容的问题，政府如何进行宏观调控来协调各方的利益，处理好市场机制的激励作用与社会主义制度最终要逐步实现共同富裕等问题。“要保证我国经济制度的社会主义性质，就要求我国经济体制改革必然要依靠强有力的政府对市场运行的基础、过程和结果实施有效的干预和调节，而且我国政府宏观调控比西方发达国家的宏观调控范围更广、力度更大，社会主义市场经济制度与欧美成熟市场经济国家所实行的市场制度不同，比如美国的市场自由程度更高，政府干预较少，而且调控的手段主要以间接调控手段为主，采取的是典型的自由市场经济模式。”①

四、实行自立主导型的多方位开放制度

所谓自立主导型的多方位开放制度，是指处理好国外技术和资本同自力更生地发展自主知识产权和高效利用本国资本的关系，实行内需为主并

①《马克思主义社会形态理论视域中的中国特色社会主义制度研究》，中国社会科学出版社，2015，第102页。

与外需相结合的国内外经济交往关系，促进追求引进数量的粗放型开放模式向追求引进效益的质量型开发模式转变，从而尽快完成从贸易大国向贸易强国和经济大国向经济强国的转型。这项制度是我国改革开放以来逐步形成的对外开放制度。这项制度的实施和运用，是对马克思主义基本理论的创新与发展，科学回答了在中国实行对外开放政策的过程中，如何处理好开放与保护之间的关系。

正如邓小平在总结历史经验的基础上所反复强调的，“长期闭关自守，把中国搞得贫穷落后，愚昧无知”，“历史经验教训说明，不开放不行”。[①]通过实行自立主导型的多方位开放制度，我国在短时间内实现了国民经济的跨越式发展，创造了举世瞩目的“中国奇迹”，我国的出口规模居世界第一位，我国的外汇储备居世界第一位，我国经济总量居世界经济总量的第二位，我国成为全球第一制造业国家，全球第一大贸易国家，全球第一大农业国家,全球第一大科技人力资源国家。我国的历史实践进一步证明，在经济全球化的大背景下，我国必须要选择对外开放政策。

2001年12月，我国正式加入世界贸易组织，标志着我国对外开放进入了新阶段。但是，我们也要清醒地认识到，我国是社会主义国家，我们在实行对外开放基本国策的同时，必须坚持独立自主、自力更生的方针，维护社会主义国家的主权与利益。

① 《邓小平文选》（第三卷），人民出版社，1993，第90页。

第六章
中国特色社会主义具体制度

中国特色社会主义制度由根本制度、基本制度、具体制度等不同层次组成，形成了一个完整的制度体系。在中国特色社会主义制度体系中，基本经济制度和基本政治制度居于核心地位，决定着其他制度的形成和发展，因此，我们将中国特色社会主义制度体系分为根本制度、基本制度和具体制度等不同的层面。其中根本制度、基本制度是中国特色社会主义制度体系的构成基础，反映了我国的基本政治、经济属性，具有抽象性和一般性特征，在中国特色社会主义制度体系中居于决定性的地位，具体制度和体制是中国特色社会主义制度体系中不可或缺的重要组成部分。无论是根本制度还是基本制度，能否顺利地发挥作用，关键在于具体制度的运行和实施，如果我们的具体制度出现问题，就会直接阻碍国家基本制度优越性的发挥。因此，如何改革和完善中国特色社会主义具体制度，任重而道远。

一、政治体制

政治体制是政治制度的具体表现和实现形式，主要包括政党、政权机关和其他政治组织的结构体系、职能划分及其运作方式。政治体制一般分为两个层面：一是国家权力结构体制，主要包括执政党的产生方式与执政方式，国家立法、行政、司法权限的划分及其相互关系，国家基本的选举制度和决策模式等；二是政府行政管理体制，主要指政府机构的设置及其职能、政府的社会调控机制、国家人事制度等。我国的政治体制是社会主义民主政治体制。民主政治体制的本质属性就是人民当家作主，因此，我国政治体制改革的愿景就是要大力发展社会主义民主政治。

党的十九大报告中明确提出要“健全人民当家作主制度体系，发展社会主义民主政治”，“我国社会主义民主是维护人民根本利益的最广泛、最真实、最管用的民主。发展社会主义民主政治就是要体现人民意志、保障人民权益、激发人民创造活力，用制度体系保证人民当家作主”。[①]我国是工人阶级领导的、以工农联盟为基础的人民民主专政的社会主义国家，因此，国家的一切权力都属于人民。实践和历史证明，中国特色社会主义政治发展道路，是近代以来中国人民长期奋斗的选择，是坚持党的本质属性、践行党的根本宗旨的必然要求。正如世界上没有两片完全相同的树叶一样，世界上的政治制度模式也没有完全相同的两种制度，更没有一种“万能的制度”适用于任何国家的发展，政治制度的产生要依托于特定社会政治条件和历史文化传统，不能脱离现实而凭空产生，更不能照搬照抄外国的政治制度模式。

①习近平：《决胜全面建成小康社会　夺取新时代中国特色社会主义伟大胜利——在中国共产党第十九次全国代表大会上的报告》，人民出版社，2017，第35-36页。

我国所建立的根本政治制度、基本政治制度能够适应我国国情，体现了中国特色社会主义的性质，体现了对人民当家作主权利的保护，有利于促进生产力的发展，但仍有一些具体制度不完善，不能适应生产力发展的需要，更不能适应社会发展的需要，甚至严重阻碍了我国经济体制改革的步伐，对于这样的政治体制我们需要进一步改进和提高，这就需要我们不断推进政治体制改革。

我国的政治体制改革开始于党的十一届三中全会，"政治体制改革是社会主义政治制度的自我完善和发展，是在坚持社会主义基本政治制度的前提下，改革上层建筑中不适应基本经济制度和经济体制改革要求、不利于发挥社会主义民主、不利于发展社会生产力的具体的体制机制"[①]。邓小平在总结过去经验时就曾经指出："我们过去发生的各种错误，固然与某些领导人的思想、作风有关，但是组织制度、工作制度方面的问题更重要。"[②]要充分保证人民当家作主的权利、进一步扩大和完善社会主义民主，就必须要进行政治体制改革。胡锦涛在党的十七大报告中指出："政治体制改革作为我国全面改革的重要组成部分，必须随着经济社会发展而不断深化，与人民政治参与积极性不断提高相适应。"[③]党的十八大报告中也明确提出："政治体制改革是我国全面改革的重要组成部分。必须继续积极稳妥推进政治体制改革，发展更加广泛、更加充分、更加健全的人民民主。"[④]习近平在十九大报告中强调指出："要长期坚持、不断发展

①肖贵清等：《制度自信——中国特色社会主义制度研究》，高等教育出版社，2017，第152页。

②《邓小平文选》（第二卷），人民出版社，1994，第333页。

③中共中央文献研究室编《十七大以来重要文献选编》（上），中央文献出版社，2009，第22页。

④中共中央文献研究室编《十八大以来重要文献选编》（上），中央文献出版社，2014，第20页。

我国社会主义民主政治，积极稳妥推进政治体制改革，推进社会主义民主政治制度化、规范化、程序化，保证人民依法通过各种途径和形式管理国家事务，管理经济文化事业，管理社会事务，巩固和发展生动活泼、安定团结的政治局面。”①

由此可见，政治体制改革必须要尽快推进，保障社会主义经济改革和所有制改革顺利进行。但是，需要引起注意的是，我们要保持一种理性的态度来对待我国的政治体制改革。何为理性的态度？就是我们要积极稳妥地推进我国的政治体制改革，不能采取过激的政治体制变革方式方法进行。我们要从苏联的政治体制改革中吸取经验教训，斯大林之后的历次经济体制改革没有获得成功的主要原因在于，苏联的政治体制改革并没有把建立市场经济体制模式作为改革的目标，经济体制改革与政治体制改革相脱离，政治体制改革成为经济体制改革的重要障碍。我们在推进政治体制改革的进程中，既要持续深化政治体制改革，又要与经济体制改革紧密结合，使两者保持一种互相联系、互相促进的关系，不断发展和完善党的领导方式与执政方式，不断发展和完善民主选举制度，深化行政体制改革，不断健全权力运行制约和监督体系，实现决策的民主化和科学化，才能发展社会主义政治文明，才能保障人民的民主权利得以实现，才能真正维护社会的公平正义，促进我国的经济体制改革不断走向深入。

①习近平：《决胜全面建成小康社会　夺取新时代中国特色社会主义伟大胜利——在中国共产党第十九次全国代表大会上的报告》，人民出版社，2017，第36页。

二、经济体制

经济制度反映了人类社会发展到一定阶段上的生产关系的总和，是一个社会经济基础的重要组成部分，体现了社会本质的、基本的生产关系。我们这里所谈的经济制度，主要由两部分组成，基本经济制度和经济体制。经济体制是经济制度的具体表现形式，是经济制度的基础，不同的国家，由于基本国情不同，表现出来的经济体制各不相同。在传统的社会主义经济理论中，忽略了不同的社会主义国家的不同国情、特殊的历史背景下生产力发展的不同阶段水平，把苏联高度集中的计划经济体制作为社会主义国家的标准经济体制，产生了一系列弊端，影响和制约了社会主义国家经济的发展，阻碍了生产力的发展。实践证明，不同的社会主义国家发展的具体经济体制由于各国的国情和生产力发展水平不同，必将呈现出多样化的经济体制。党的十九大报告明确指出："必须坚持质量第一、效益优先，以供给侧结构性改革为主线，推动经济发展质量变革、效率变革、动力变革，提高全要素生产率，着力加快建设实体经济、科技创新、现代金融、人力资源协同发展的产业体系，着力构建市场机制有效、微观主体有活力、宏观调控有度的经济体制，不断增强我国经济创新力和竞争力。"①

我国实行的经济体制是社会主义市场经济体制，这一体制是建立在我国社会主义初级阶段的基本经济制度的基础之上的具体经济制度，是社会主义与市场经济相结合的产物，是在我国实行改革开放以后所建立的市场经济体制。建立和完善社会主义市场经济体制是中国进一步深化经济体制

①习近平：《决胜全面建成小康社会　夺取新时代中国特色社会主义伟大胜利——在中国共产党第十九次全国代表大会上的报告》，人民出版社，2017，第30页。

改革的一项重要内容。早在1992年，邓小平南方谈话时首次提出要进行社会主义市场经济体制改革，党的十四大正式提出建立社会主义市场经济体制。党的十九大报告明确指出，“要加快完善社会主义市场经济体制。经济体制改革必须以完善产权制度和要素市场化配置为重点，实现产权有效激励、要素自由流动、价格反应灵活、竞争公平有序、企业优胜劣汰”[①]。

社会主义市场经济体制是一种史无前例的经济体制，也是中外经济学经典中从来没有的一个概念，体现了中国特色社会主义经济制度的创新性。从理论层面上来看，这是我们党在经济制度层面上的一次真正的理论创新，也是马克思主义中国化的一个光辉典范。从实践层面上来看，社会主义市场经济体制实现了社会主义经济体制的一次真正变革，体现了中国特色社会主义制度实践探索中的一个伟大创举。传统经济学理论，包括西方经济学理论和马克思经济学理论，都不认为社会主义能搞市场经济。西方经济学理论认为，商品交换和市场经济都是建立在私有制的基础上的，社会主义国家只要坚持搞公有制，就不能搞市场经济。马克思、恩格斯曾设想，在消灭了资本主义私有制以后，未来社会将不存在商品货币关系。正是在上述理论的指导下，俄国社会主义十月革命以后，包括苏联、东欧、中国在内的所有社会主义国家，都无一例外地建立和实行了计划经济体制，新中国成立之初我国实行的也是计划经济体制，市场经济姓“资”，计划经济姓“社”，成了天经地义的信条和不可冒犯的戒律。改革开放以后，我们从社会主义初级阶段的实际出发，认真总结国内外改革和发展的经验教训，大胆突破传统理论观点的束缚，逐步提出和丰富了社会主义市场经济理论，社会主义市场经济理论逐步形成。

①习近平：《决胜全面建成小康社会　夺取新时代中国特色社会主义伟大胜利——在中国共产党第十九次全国代表大会上的报告》，人民出版社，2017，第33页。

1982年，党的十二大正式提出计划经济为主、市场经济为辅的观点。1984年，党的十二届三中全会正式提出社会主义经济是公有制基础上的有计划的商品经济的观点。1987年，党的十三大正式提出社会主义计划商品经济的体制应该是计划与市场内在统一的体制的观点。特别是，邓小平1979年提出“社会主义也可以搞市场经济”，1992年提出“计划多一点还是市场多一点，不是社会主义与资本主义的本质区别。计划经济不等于社会主义，资本主义也有计划；市场经济不等于资本主义，社会主义也有市场”等重要论断，从根本上破除了市场经济姓“资”、计划经济姓“社”的传统观念，为社会主义市场经济理论的提出和社会主义市场经济体制的建立指明了方向。1992年6月9日江泽民在中央党校所发表的讲话中，首次肯定了“社会主义市场经济体制”的提法。之后，10月12日江泽民在党的十四大报告中正式提出：“我国经济体制改革的目标是建立社会主义市场经济体制。”从上述社会主义市场经济体制提出的过程来看，可以说，这在我们党的历史上是一次真正的重大的理论突破，也是我国经济体制改革和中国特色社会主义道路探索中的一个非常正确的选择。也正是这一改革方向的正确选择和种种改革举措的步步实施，才使我国经济体制改革进入到了制度创新的崭新阶段，从而也有力地推动了我国经济持续多年的高速发展。

在党的十四大报告正式确定我国经济体制改革是建立社会主义市场经济体制的方向以后，1993年党的十四届三中全会作出了《关于建立社会主义市场经济体制若干问题的决定》（以下简称《决定》）。《决定》基于当时对社会主义市场经济的认识，设计了社会主义市场经济体制的基本框架，确立了社会主义市场经济体制改革的各项任务。从目前我国改革发展所取得的成就来看，总体上说，这一改革进程是顺利的，实践是成功的。

党的十六大报告指出："社会主义市场经济体制是同社会主义基本制度结合在一起的。"在建立社会主义市场经济体制的改革实践中，我们对社会主义市场经济体制的建立和发展逐步形成以下共识。

第一，社会主义市场经济体制是我国经济发展和社会进步的重要保障。我国建立社会主义市场经济体制的改革实践表明，相对于计划经济体制来说，这一转变看起来是资源配置方式的转变，实际上是涉及各个方面深刻而广泛的变革，特别是涉及权力的重新调整和利益的重新分配，因而这是一个十分复杂而困难的转变，又是一个非完成不可的转变。目前，我国正处于全面深化改革的重要时期，我国虽然已经建立起市场经济体制，但是距离成熟的社会主义市场经济体制还有很长的路要走，新时代如何进一步完善市场经济体制是我们所面临的重要任务。

第二，社会主义市场经济体制是由公有制经济向以公有制为主体、多种所有制并存的所有制经济的飞跃。从一定意义上讲，商品经济是私有制的产物。资本主义市场经济从一开始，就建立在私有制的基础上。而且，不管是传统的西方经济学理论，还是传统的马克思主义经济学理论，都把市场经济与私有制画等号。我国确立的社会主义初级阶段的基本经济制度是公有制为主体、多种所有制经济共同发展。因此，社会主义市场经济必须要与这一基本经济制度有机结合。从这个意义上讲，社会主义市场经济体制能否成功建立，社会主义市场经济能否顺利发展，关键就在于能否真正解决公有制与市场机制有机结合的问题。我国建立社会主义市场经济体制改革实践证明，不坚持公有制为主体，市场经济体制的改革就会偏离方向；不搞所有制形式的多元化、公有制实现形式的多元化、国有企业投资主体的多元化，也即市场竞争主体的多元化，社会主义市场经济体制就难以真正建立和完善，企业也难以真正转换机制和建立现代企业制度。习近平指出："进行资源配置，要更加注重使市场在资源配置中起决定性作用。要重视和善于激发微观主体活力，政府要集中力量办好市场办不了的事。履行好宏观调控、市场监管、公共服务、社会管理、保护环境等基本职责。"[①]党的十八届三中全会提出把市场的基础性作用改为决定性作用，这个改变意义重大，是对社会主义市场经济体制认识的又一次飞跃，将市场的作用提高到了一个新高度。第三，社会主义市场经济体制是由自由放任的经济向由国家政府宏观调控的经济飞跃。市场经济长期发展的实践表明，市场经济的正常运转要由两种机制调节，要发挥"两只手"的作用，这就是市场机制对资源配置的调节作用和国家政府宏观调控的作用，也即"看不见的手"的作用和"看得见的手"的作用。我国建立社会主义市场经济体制实践证明，在由计划经济体制向社会主义市场经济体制的转变中，既不能重走资本主义国家从自由放任开始的老路，也不能把过去已经习惯了的计划经济体制下的政府行为都看成是宏观调控。实际上，宏观调控是一个市场经济条件下的特定概念：它是市场对资源配置起基础性作用条件下的政府行为，而不是行政配置资源为主的政府行为；它是以间接手段为主进行调控的政府行为，而不是以直接管理为主的政府行为；它是以总量平衡、结构调整、政策引导、宏观服务为主要任务的政府行为，而不是以行政审批和直接插手经营管理企业为主的政府行为；它是以取得较好的宏观经济效益、社会效益、生态效益为主要目的的政府行为，而不是以局部效益、局部利益为主要目的的政府行为。党的十八届三中全会上提出："经济体制改革是全面深化改革的重点，核心问题是处理好政府和市场的关系，使市场在资源配置中起决

---

①习近平：《习近平谈治国理政》（第二卷），外文出版社，2017，第244页。

定性作用和更好发挥政府作用。”[①]要正确处理好政府与市场的关系，使两者协调发展，是完善社会主义市场经济体制的前提条件。

第四，社会主义市场经济体制是由平均主义“吃大锅饭”的经济向效率优先、兼顾公平，逐步走向共同富裕的经济飞跃。在过去的计划经济体制下，个人收入分配实际是平均主义“吃大锅饭”。这种分配制度既不可能有效率，实际上也有失公平。资本主义市场经济，虽然也讲效率与公平，但实际上是偏重于讲竞争、讲效率。这种分配制度，虽然有利于提高效率，但也容易使收入差距拉得过大，以致产生两极分化。社会主义市场经济是富民经济，其最终发展目的是劳动人民的共同富裕。我国确立社会主义市场经济体制实践证明，发展社会主义市场经济确实有利于提高生产效率和经济效益，但与此同时也容易产生收入差距过大、失业人员增加等问题。对于这些问题如不加以重视和解决，既会制约经济的发展，也会造成社会的不稳定。

第五，社会主义市场经济体制是由地区保护、行政垄断、闭关锁国的经济向内外开放、平等竞争的经济飞跃。在过去的计划经济体制下，由于基本是按行政区划、行政部门和行政层次管经济，因此不但形成了行政垄断，而且也形成了条块分割。从本质上说，市场经济是自由竞争和平等竞争的经济，因此从一个国家的范围来说，市场经济的发展在客观上要求打破地区封锁、部门垄断，从而建立统一的、完整的市场体系。没有这样一个完整的市场体系，既不能真正称为市场经济体制，也不可能真正做到内外开放、平等竞争。比较利益是国际贸易产生和发展的主要动力，也是市场经济国家发展到一定阶段必然要实行对外开放的主要动因。

①中共中央文献研究室编《十八大以来重要文献选编》（上），中央文献出版社，2014，第513页。

从一定意义上说，世界贸易组织的建立，是各国市场经济发展到一定阶段的必然产物。我国加入世贸组织，就意味着国内市场与国际市场已经接轨。这不但是社会主义市场经济发展的必然要求，也会进一步促进我国社会主义市场经济体制的建立和完善。当前，经济全球化的趋势要求我们进一步全面提高对外开放水平。十九大报告指出："中国开放的大门不会关闭，只会越开越大。要以'一带一路'建设为重点，坚持引进来和走出去并重，遵循共商共建共享原则，加强创新能力开放合作，形成陆海内外联动、东西双向互济的开放格局。"只有在更大范围、更广领域和更高层次上参与国际经济技术合作和竞争，才能充分利用国际国内两个市场，优化资源配置，拓宽发展空间。

三、文化体制

文化体制是适应一定社会政治经济发展要求，能够推动文化发展繁荣、促进文化产业发展壮大的具体制度和机制的总和。文化体制服务于国家根本、基本政治制度，对社会文化起引导、管理、规范、培育等作用，是社会与国家、公民与政府之间的文化状态、文化利益分配和文化权利关系的体现。我国的文化体制的内容大致包括三方面：一是文化管理体制；二是文化单位的所有制关系、分配管理、管理运作机制；三是文化建设所遵循的指导思想、方针政策、法律法规等。

党的十九大报告指出："推动文化事业和文化产业发展。满足人民过上美好生活的新期待，必须提供丰富的精神食粮。要深化文化体制改革，完善文化管理体制，加快构建把社会效益放在首位、社会效益和经济效益相统一的体制机制。”[①]习近平在十九大报告中提出，要坚定文化自信，推动社会主义文化繁荣兴盛。没有高度的文化自信，没有文化的繁荣兴盛，就没有中华民族伟大复兴。要坚持中国特色社会主义文化发展道路，激发全民族文化创新创造活力，建设社会主义文化强国。

党的十九大报告指出：“中国特色社会主义文化，源自于中华民族五千多年文明历史所孕育的中华优秀传统文化，熔铸于党领导人民在革命、建设、改革中创造的革命文化和社会主义先进文化，植根于中国特色社会主义伟大实践。发展中国特色社会主义文化，就是以马克思主义为指导，坚守中华文化立场，立足当代中国现实，结合当今时代条件，发展面向现代化、面向世界、面向未来的，民族的科学的大众的社会主义文化，推动社会主义精神文明和物质文明协调发展。要坚持为人民服务、为社会主义服务，坚持百花齐放、百家争鸣，坚持创造性转化、创新性发展，不断铸就中华文化新辉煌。”[②]中国特色社会主义文化的重要价值和意义体现在以下两个方面。

第一，全面建成小康社会，实现中华民族的伟大复兴，离不开社会主义文化的繁荣和发展。随着社会主义市场经济的不断成熟和发展，中国特色社会主义文化发展的经济基础发生了深刻而复杂的变化，表现出来的文化体制发展与人民群众日益增长的精神文化需求的不适应的状况频频出现，我国当前许多文化管理模式、管理理念还不到位，还处于探索和实践的新阶段。在这种背景下，要实现社会主义文化事业全面繁荣和文化产业快速发展，必须要进一步深化文化体制改革。

①习近平：《决胜全面建成小康社会　夺取新时代中国特色社会主义伟大胜利——在中国共产党第十九次全国代表大会上的报告》，人民出版社，2017，第43-44页。

②习近平：《决胜全面建成小康社会　夺取新时代中国特色社会主义伟大胜利——在中国共产党第十九次全国代表大会上的报告》，人民出版社，2017，第41页。

1978年12月中国共产党召开的十一届三中全会，是党历史上具有深远意义的伟大转折，标志着我国进入改革开放和社会主义现代化建设的历史新时期。伴随着经济体制改革，政治、文化和社会事业改革也不断向前推进。拨乱反正对于文化事业而言，主要是实现了由以阶级斗争为纲的文化范式进入了以经济建设为中心的新范式。从文化体制方面讲，主要是恢复到“文化大革命”以前的体制上去，主要以提高新闻宣传质量为中心，调整了组织结构，改革干部人事管理制度、工资奖金分配制度，改进宣传报道，建立新的激励机制、竞争机制和约束机制。这一阶段文化事业在改革中迅速发展，实力不断增强，焕发出了蓬勃活力。这一阶段的文化体制改革还有一个突出的特色——高度重视法治建设，大力推进依法管理。据统计，这一时期全国人民代表大会常委会、国务院和中央文化管理部门陆续制定和颁发了200多部法律法规、政策性文件或部门规章，如《著作权法》《广播电视管理条例》《电影管理条例》《出版管理条例》《音像制品管理条例》《印刷管理条例》等，内容涵盖了舞台艺术、新闻出版、广播影视、互联网、文化经济等诸多领域。

党的十六大高举邓小平理论伟大旗帜，全面贯彻“三个代表”重要思想，确定了新世纪、新阶段党和国家的奋斗目标和行动纲领。十六大以后，我国文化体制改革的步伐明显加快，文化体制改革的目的、意义、主要任务和实施重点更加明确。文化体制改革试点工作在党中央直接领导下积极探索，大胆试验，顺利推进。2003年，党的十六届三中全会通过的《完善社会主义市场经济体制若干问题的决定》又将文化体制改革的目标进一步深化和明确。以人为本，全面、协调、可持续的科学发展观的提出，更加突出了文化建设在三个文明协调发展中的基础性和战略性地位，将文化的地位和作用大大提升，文化建设既是落实科学发展观的重要方面，又是实现科学发展观的文化保证。全会还明确提出了文化体制改革的总目标是按照社会主义精神文明建设的特点和规律，适应社会主义市场经济发展的要求，逐步建立党委领导、政府管理、行业自律、企事业单位依法运营的文化管理体制。全会提出了文化事业和文化产业的改革方向和目标：公益性文化事业单位要深化劳动人事、收入分配和社会保障制度改革，加大国家投入，增强活力，改善服务；经营性文化单位要创新体制，转换机制，面向市场，壮大实力。要求健全文化市场体系，建立富有活力的文化产品生产经营体制。完善文化产业政策，鼓励多渠道资金投入，促进各类文化产业共同发展，形成一批大型文化企业集团，增强文化产业的整体实力和国际竞争力。依法规范文化市场秩序。第一次明确提出文化体制改革要形成一批大型文化企业集团。

党的十八届三中全会指出，“必须把社会效益放在首位，实现社会效益和经济效益相统一，以激发全民族文化创造活力为中心环节，进一步深化文化体制改革，为此要做好以下工作：首先，完善文化管理体制。按照政企分开、政事分开的原则，推动政府部门由办文化向管文化转变，推动党政部门与其所属的文化企业事业单位进一步理顺关系。其次，建立健全现代文化市场体系。完善文化市场准入和退出机制，鼓励各类市场主体公平竞争、优胜劣汰，促进文化资源在全国范围内流动。鼓励非公有制文化企业发展，在坚持出版权、播出权特许经营的前提下，允许制作和出版、制作和播出分开。第三，构建现代公共文化服务体系。建立公共文化服务体系建设协调机制，统筹服务设施网络建设，促进基本公共文化服务标准化、均等化。明确不同文化事业单位功能定位，建立法人治理结构，完善绩效考核机制”[①]。

---

①中共中央文献研究室编《十八大以来重要文献选编》（上），中央文献出版社，2014，第533—534页。

十九大明确提出，新时代下“人民日益增长的美好生活需要和不平衡不充分的发展之间的矛盾”已经转变成我国社会发展的主要矛盾，文化领域在这一新变化下也面临着新的发展要求。要不断深化文化体制改革，注重文化建设“精气神”的高度统一。文化建设是中国特色社会主义“五位一体”总体布局的重要内容，文化体制改革是我国全方位改革事业的重要组成部分。多年来文化产业体制机制改革效果显著，然而随着我国改革开放进入深水区、“五位一体”的战略发展布局要求新时代下文化体制改革将只有进行时，没有完成时。

第二，积极推动文化走出去，生产适销对路的文化产品。文化走出去是国家文化软实力的重要体现，而目前我国文化出口水平与文化产业发展水平仍不相符。文化产品不能适销对路是制约我国文化产业走出去的重要因素。要改变这一现状，首先要坚持市场导向，在国际视野上组织生产。其次要坚持目标导向，有针对性地提供文化产品和文化服务。最后要因地制宜，充分考虑销售地的条件因素。深入实施文化精品工程，繁荣文化精品创作与生产。

优秀精神文化产品反映一个国家和民族的文化创造能力，是衡量和检验文化改革发展成效的根本标准。首先，让文化创作根植于人民。“社会主义文艺是人民的文艺”，因此，文化精品的创作也必须以人为核心。其次，鼓励推陈出新，提升文化创新能力。通过鼓励文艺创新，进一步释放文化创造活力。最后，拓宽文艺繁荣思路。积极探索文艺创作的新途径，拓宽艺术繁荣的新思路，擦亮文化名片，打造一批文艺品牌活动。

习近平在十九大报告中指出：“推动文化事业和文化产业发展，要深化文化体制改革，完善文化管理体制，加快构建把社会效益放在首位、社会效益和经济效益相统一的体制机制。”“双效统一”既是保证文化领域健康、有序发展的基石，也是激发文化市场活力、繁荣文化生态的前提，需要依靠政府引导和市场主体的双向合力。总之，要深化文化体制机制改革，解放和发展文化生产力，激发人民的文化创造热情，“让一切文化创造源泉充分涌流”[①]，从而实现社会主义文化的大发展大繁荣。

四、社会体制

学术界对于社会体制的定义不尽相同，有的学者认为，“社会体制是指一种规范，是为了社会生活而建立的约束个人行为的规范，包括如何最有效最合理地分配财产，如何对社会生活决策以及如何参与社会生活等”[②]。也有学者认为，“社会是为了保障人们的基本生存机会、条件和权利的领域，或者简单地说社会就是公共产品配置领域，所以，社会体制就是围绕公共产品配置而进行的一系列制度安排”[③]。总体来说，社会体制就是对公共事务和公共服务进行规范与管理的一系列制度和规范的总称，主要包含教育、就业、收入分配、社会保障、医疗卫生和社会管理等领域。

党的十九大报告提出：“全党必须牢记，为什么人的问题，是检验一个政党、一个政权性质的试金石。带领人民创造美好生活，是我们党始终不渝的奋斗目标。必须始终把人民利益摆在至高无上的地位，让改革发展

①中共中央文献研究室编《十八大以来重要文献选编》（上），中央文献出版社，2014，第24页。

②丁元竹：《当代中国社会体制的改革与创新》，《开放导报》2012年第3期。

③李友梅：《关于社会体制基本问题的若干思考》，《探索与争鸣》2008年第8期。

成果更多更公平惠及全体人民，朝着实现全体人民共同富裕不断迈进。”[①]当前，我国正处于全面深化改革的新时代，各种深层次的社会矛盾日益凸显出来，社会体制改革的任务非常艰巨，要加快推进社会体制改革，真正把人民的利益放在至高无上的地位，“保障和改善民生要抓住人民最关心最直接最现实的利益问题，既尽力而为，又量力而行，一件事情接着一件事情办，一年接着一年干。坚持人人尽责、人人享有，坚守底线、突出重点，完善制度、引导预期，完善公共服务体系，保障群众基本生活，不断满足人民日益增长的美好生活需要，不断促进社会公平正义，形成有效的社会治理、良好的社会秩序，使人民获得感、幸福感、安全感更加充实、更有保障、更可持续”[②]。只有这样我们才能实现全体人民的共同富裕。为进一步深化体制机制改革，我们需要加快推进以下几个方面：

第一，改革教育体制机制，优先发展教育事业。要建设教育强国，实现中华民族伟大复兴，必须坚持教育事业优先发展的原则，深化教育改革，加快教育现代化，努力推动城乡义务教育一体化发展，尤其要高度重视农村义务教育，努力办好学前教育、特殊教育和网络教育，普及高中阶段教育，我们发展的终极目标是努力让每一个孩子都能享有公平而有质量的教育。完善职业教育和培训体系，深化产教融合、校企合作。“健全学生资助制度，使绝大多数城乡新增劳动力接受高中阶段教育、更多接受高等教育。支持和规范社会力量兴办教育。加强师德师风建设，培养高素质教师队伍，倡导全社会尊师重教。办好继续教育，加快建设学习型社会，

①习近平：《决胜全面建成小康社会　夺取新时代中国特色社会主义伟大胜利——在中国共产党第十九次全国代表大会上的报告》，人民出版社，2017，第44-45页。

②习近平：《决胜全面建成小康社会　夺取新时代中国特色社会主义伟大胜利——在中国共产党第十九次全国代表大会上的报告》，人民出版社，2017，第45页。

大力提高国民素质。”[①]

第二，要改革劳动就业体制，提高就业质量和人民收入水平。收入分配和就业是人民群众最关心、最期待的问题，“就业是最大的民生。要坚持就业优先战略和积极就业政策，实现更高质量和更充分就业”[②]。只有在这一领域不断推出新政策、新举措，才能更好地保障和改善民生、增进人民福祉。要“完善政府、工会、企业共同参与的协商协调机制，构建和谐劳动关系。坚持按劳分配原则，完善按要素分配的体制机制，促进收入分配更合理、更有序。”[③]坚持进一步推进收入分配制度改革，提高劳动报酬在国民财富分配中所占比例，建立劳动者工资的正常增长机制，保障农民公平分享土地增长收益，通过税收调节居民收入分配，加快培育形成“橄榄形”的收入分配格局，“鼓励勤劳守法致富，扩大中等收入群体，增加低收入者收入，调节过高收入，取缔非法收入。坚持在经济增长的同时实现居民收入同步增长、在劳动生产率提高的同时实现劳动报酬同步提高。拓宽居民劳动收入和财产性收入渠道，履行好政府再分配调节职能，加快推进基本公共服务均等化，缩小收入分配差距”[④]。总之，要注重规范收入分配秩序，保护合法收入，增加低收入人群收入，调节过高收入，取缔非法收入。

在就业方面，继续实行就业优先的发展战略和积极就业政策，做好大

①习近平：《决胜全面建成小康社会　夺取新时代中国特色社会主义伟大胜利——在中国共产党第十九次全国代表大会上的报告》，人民出版社，2017，第46页。

②习近平：《决胜全面建成小康社会　夺取新时代中国特色社会主义伟大胜利——在中国共产党第十九次全国代表大会上的报告》，人民出版社，2017，第46页。

③习近平：《决胜全面建成小康社会　夺取新时代中国特色社会主义伟大胜利——在中国共产党第十九次全国代表大会上的报告》，人民出版社，2017，第46页。

④习近平：《决胜全面建成小康社会　夺取新时代中国特色社会主义伟大胜利——在中国共产党第十九次全国代表大会上的报告》，人民出版社，2017，第46–47页。

学生、经济结构调整和企业转型升级过程中下岗分流人员、流动人口等重点人群的就业服务工作，推进大众创业、万众创新，以创业带动就业，完善城乡均等的就业创业服务体系。十九大报告提出：“提高就业质量和人民收入水平。就业是最大的民生。要坚持就业优先战略和积极就业政策，实现更高质量和更充分就业。大规模开展职业技能培训，注重解决结构性就业矛盾，鼓励创业带动就业。提供全方位公共就业服务，促进高校毕业生等青年群体、农民工多渠道就业创业。破除妨碍劳动力、人才社会性流动的体制机制弊端，使人人都有通过辛勤劳动实现自身发展的机会。完善政府、工会、企业共同参与的协商协调机制，构建和谐劳动关系。”①

加强社会保障体系建设，推进社会保障体制改革。在全面建成小康社会的进程中，我们必须要全面建成覆盖城乡居民的社会保障体系，社会保障是保障人民生活、实现老有所医、老有所养的根本保障。没有健全的社会保障体系，人民的根本生活保障无从谈起。党的十八大报告指出，“要坚持全覆盖、保基本、多层次、可持续方针，以增强公平性、适应流动性、保证可持续性为重点，全面建成覆盖城乡居民的社会保障体系”②。党的十九大报告指出“按照兜底线、织密网、建机制的要求，全面建成覆盖全民、城乡统筹、权责清晰、保障适度、可持续的多层次社会保障体系。全面实施全民参保计划。完善城镇职工基本养老保险和城乡居民基本养老保险制度，尽快实现养老保险全国统筹。完善统一的城乡居民基本医疗保险制度和大病保险制度。完善失业、工伤保险制度。建立全国统一的社会保险公共服务平台。统筹城乡社会救助体系，完善最低生活保障制

①习近平：《决胜全面建成小康社会　夺取新时代中国特色社会主义伟大胜利——在中国共产党第十九次全国代表大会上的报告》，人民出版社，2017，第46页。

②《十八大以来重要文献选编》（上），中央文献出版社，2014，第28—29页。

度”。党的十九大揭开了中国特色社会主义进入新时代的新篇章，也全面拉开了我国社会保障体系建设走向成熟、稳定发展阶段的新篇章。

当前我们要进一步加大深化改革力度，加快体系建设步伐，促使中国特色社会保障体系早日全面建成。坚持以共享为基石，坚持政府主导，实行多元主体共建共治，党的十九大再度强化了这一理念并突出强调人人尽责、人人享有，走共同富裕的发展道路，这是我国的社会主义性质所决定的。在各种制度顶层设计之中，社会保障制度的进一步完善最直接回应了对我国社会主义制度性质的质疑。现代社会保障制度主要依靠集体力量化解个体存在的风险，在深化我国社会保障制度的改革中，我们必须坚持以共享为基石，切实维护互助共济的根本原则。要特别警惕个人主义、利己主义及“拜市场教”对社会保障制度进行解构，防止社会保障政策被商业力量或利益集团所绑架，失去社会主义制度本身对于人民社会保障制度的期许。同时，社会保障制度的完善离不开政府主导作用的发挥。在中国特色社会保障体系走向成熟、稳定的新阶段，必须要强化中央政府的决策责任，确保中央政府对基本保障制度集中统一管理，要通过社会保障制度的统一来促使公共资源得到更为公正的配置，让社会保障真正成为缩小地区差距、实现地区之间公正与协同发展的重要手段。政府要担负起做好顶层设计、推动社保立法、合理配置资源、维护制度统一的重大责任。同时，要明确划分中央与地方政府的社会保障责任并实现财力的合理匹配。充分调动企业、社会团体与个人及家庭的积极性，不仅要让其承担缴费等相应的责任与义务，而且要让代表不同群体利益的工会、雇主组织、残联等参与制度设计，监督制度运行。只有这样，才能确保各方主体有效地参与共建共治，这是维护制度理性发展的重要条件。只有这样才能更好地保障人民的基本生活，保持社会的稳定和发展。

第三，坚持精准扶贫、精准脱贫，坚决打赢脱贫攻坚战。习近平总书记指出，消除贫困、改善民生、实现共同富裕，是社会主义的本质要求。全面建成小康社会，最艰巨最繁重的任务在农村，特别是在贫困地区。全面建成小康社会、实现第一个百年奋斗目标，农村人口全部脱贫是一个标志性指标。打赢脱贫攻坚战，是保障全体人民共享改革发展成果、实现共同富裕的重大举措，是体现中国特色社会主义制度优越性的重要标志。党的十九大对坚决打赢脱贫攻坚战提出明确要求，必须以习近平新时代中国特色社会主义思想为指导，充分发挥政治优势和制度优势，动员全党全国全社会力量，坚持精准扶贫、精准脱贫，确保如期完成脱贫攻坚任务。十九大报告明确提出："坚决打赢脱贫攻坚战。让贫困人口和贫困地区同全国一道进入全面小康社会是我们党的庄严承诺。要动员全党全国全社会力量，坚持精准扶贫、精准脱贫，坚持中央统筹省负总责市县抓落实的工作机制，强化党政一把手负总责的责任制，坚持大扶贫格局，注重扶贫同扶志、扶智相结合，深入实施东西部扶贫协作，重点攻克深度贫困地区脱贫任务，确保到二〇二〇年我国现行标准下农村贫困人口实现脱贫，贫困县全部摘帽，解决区域性整体贫困，做到脱真贫、真脱贫。"①

党的十八大以来，以习近平为核心的党中央把脱贫攻坚作为实现第一个百年奋斗目标的重点工作，摆到治国理政的重要位置，以前所未有的力度推进。习近平总书记亲自挂帅出征，把脱贫攻坚挂在心上、抓在手上，体现着对人民群众的真挚情感和共产党人的历史担当。各地各部门贯彻中央决策部署，切实把脱贫攻坚作为重大政治任务，全面落实脱贫攻坚责任，全面推进各项重点工作，脱贫攻坚战取得决定性进展，贫困地区群众

①习近平：《决胜全面建成小康社会　夺取新时代中国特色社会主义伟大胜利——在中国共产党第十九次全国代表大会上的报告》，人民出版社，2017，第47页。

收入增长较快，生产生活条件明显改善，贫困地区面貌明显改善。6000多万农村贫困人口稳定脱贫，年均减少1391万人，贫困发生率由10.2%下降到4%以下，创造了我国扶贫史上的最好成绩。我国提前10年实现联合国年可持续发展议程确定的2030减贫目标，继续在全球减贫事业中保持领先地位。但是，我国脱贫攻坚面临的任务仍然十分艰巨。按照党中央的战略部署，到2020年我国现行标准下农村贫困人口实现脱贫，贫困县全部摘帽，解决区域性整体贫困。从总量上看，2016年底，全国农村贫困人口还有4300多万人。从结构上看，现有的贫困大都是自然条件差、经济基础弱、贫困程度深的地区和群众，是越来越难啃的硬骨头。从群体分布上看，主要是残疾人、孤寡老人、长期患病者等“无业可扶、无力脱贫”的贫困人口以及部分教育文化水平低、缺乏技能的贫困群众，解决这些人的贫困问题，成本更高，难度更大。从扶贫工作成效上看，当前脱贫攻坚工作中一些地方还存在着贫困识别不够准、帮扶不够准、工作不够实、监管不够严等问题，摆架子、做样子等各种形式主义都不同程度存在。对脱贫攻坚取得的成绩不能高估，对存在的困难不能低估。必须强化支撑体系，加大政策支持力度，聚焦精准发力，着力提高脱贫攻坚成效，着力增强贫困地区和贫困群众自我发展能力，确保贫困人口和贫困地区同全国一道进入全面小康社会。习近平总书记指出，扶贫开发贵在精准，重在精准，成败在于精准。当前，脱贫攻坚进入系统发力、重点突破、集中攻坚的关键阶段。要认真总结党的十八大以来脱贫攻坚的实践，始终坚持“两不愁三保障”脱贫标准，既不吊高胃口，也不降低标准，坚持以问题为导向，狠下绣花功夫，拿出过硬办法，扎实推进精准扶贫、精准脱贫各项工作。在工作中要进一步推进精准扶贫、精准脱贫各项政策措施落地生根。要坚持专项扶贫、行业扶贫、社会扶贫互为补充的“三位一体”大扶贫格局。脱贫攻坚是全社会的共同义务，要构建政府、市场、社会协同推进的大扶贫格局，唱好脱贫攻坚的大合唱。进一步做好东西部扶贫协作和对口支援工作。东部地区根据财力增长情况，逐步增加对口帮扶财政投入。要把帮扶资金和项目重点向贫困村、贫困群众倾斜。完善省际结对关系，实施好“携手奔小康”行动，着力推动县与县精准对接。推进东部产业向西部梯度转移，加大产业带动扶贫工作力度。进一步加强和改进定点扶贫工作，建立考核评价机制，确保各单位落实扶贫责任。健全社会力量参与机制，鼓励支持民营企业、社会组织、个人参与扶贫开发，着力打造扶贫公益品牌，表彰对扶贫开发作出杰出贡献的组织和个人，激励社会各界更加关注、支持和参与脱贫攻坚。进一步强化脱贫攻坚责任制。

第四，实施健康中国战略，完善国民健康政策。十八大以来，以习近平为核心的党中央始终把人民健康放在第一位，开启了医疗卫生体制的改革，提出了一系列具体改革建议，出台了许多行之有效的改革举措，2017年5月5日，国务院办公厅颁布了《深化医疗卫生体制改革2017年重点工作任务》，其具体改革任务共有70项。十九大报告提出了“实施健康中国战略”。这一战略立意高远、目标清晰，实施路线明确，政策措施科学有效。“实施健康中国战略”令每一个中华儿女为之振奋。十九大报告提出大健康观，是一种全局的理念，是围绕着每一个人的衣食住行和生老病死进行全面呵护的理念，也是2016年习近平总书记在全国卫生与健康大会提出的新理念。十九大报告不仅再次明确了大健康观的核心要义，即“为人民群众提供全方位全周期健康服务”[①]，更是上升到国家战略高度。大健康观就是要加强预防，让人民群众不生病、少生病，有病能医、医病便

①习近平：《决胜全面建成小康社会　夺取新时代中国特色社会主义伟大胜利——在中国共产党第十九次全国代表大会上的报告》，人民出版社，2017，第48页。

捷乃至免费，以确保身体的健康长寿；同时还要吃得放心、吃得有营养，以确保吃得健康；还要老有所依、老有所养，以确保老年幸福健康；还要有计划地生育、安全放心地生育，以确保生育健康。当然，还包括生活环境的安全健康。只有这样，才是真正的健康。十九大报告还进一步提升了大健康观的地位与意义，即“人民健康是民族昌盛和国家富强的重要标志”①。我们要“深化医药卫生体制改革，全面建立中国特色基本医疗卫生制度、医疗保障制度和优质高效的医疗卫生服务体系，健全现代医院管理制度。加强基层医疗卫生服务体系和全科医生队伍建设。全面取消以药养医，健全药品供应保障制度”②。构建并完善医药卫生的四大体系，即公共卫生服务体系、医疗服务体系、医疗保障体系和药品供应保障体系。具体说来，就是要重点建立和健全我国的医疗保障制度、现代医院管理制度、药品供应保障制度，同时还要“加强基层医疗卫生服务体系和全科医生队伍建设”，以确保中国特色的医疗卫生系统能够提供“优质高效的医疗卫生服务”，也确保全国人民的健康长寿。十九大报告中重点强调了要进一步完善的具体健康政策，提出了疾控预防为主的政策，要“坚持预防为主，深入开展爱国卫生运动，倡导健康文明生活方式，预防控制重大疾病”③。我们常说，“凡事预则立，不预则废”，同样，对于我们每一个人最重要的健康问题而言，同样应该采取“预防为主，防治结合”的政策。生育政策是我国的基本国策，直接影响着我国的人口战略和健康中国的战略实施。为此，十九大报告专门强调，要“促进生育政策和相关经

①习近平：《决胜全面建成小康社会　夺取新时代中国特色社会主义伟大胜利——在中国共产党第十九次全国代表大会上的报告》，人民出版社，2017，第48页。

②习近平：《决胜全面建成小康社会　夺取新时代中国特色社会主义伟大胜利——在中国共产党第十九次全国代表大会上的报告》，人民出版社，2017，第48页。

③习近平：《决胜全面建成小康社会　夺取新时代中国特色社会主义伟大胜利——在中国共产党第十九次全国代表大会上的报告》，人民出版社，2017，第48页。

济社会政策配套衔接，加强人口发展战略研究”[1]。十九大报告强调加大食品安全执法力度，为健康中国保驾护航，常言道“民以食为天”，这足以说明食品安全问题是关乎健康中国发展的关键问题。习近平总书记一直高度重视食品安全，他在2015年就明确提出：要切实加强食品药品安全监管，用最严谨的标准、最严格的监管、最严厉的处罚、最严肃的问责，加快建立科学完善的食品药品安全治理体系。十九大报告则更是明确强调要“实施食品安全战略，让人民吃得放心”。虽然用词精练，但内涵丰富，尤其是“吃得放心”不仅需要加强执行新《食品安全法》的力度，更是包含了加大惩处力度、全民参与、社会共治的内容。十九大报告要求发展健康产业，推动健康中国建设。健康产业是一个具有巨大市场潜力的新兴产业，同时具有吸纳就业前景广阔、拉动消费需求大、促进公民健康长寿的特点。为此，十九大报告高度重视发展健康产业，坚持中西医并重，传承发展中医药事业。我们党长期以来高度重视中医药事业的发展，十九大报告提出，并把它置放在“健康中国战略”的高度，也就再一次强调中医药事业的传承与发展，这就要求我国中医药事业要适应现代化的社会、对接产业化的需求、迎接国际化的挑战。十九大报告还提出要加快老龄事业和产业发展，我们要高度重视养老问题，为了确保老年健康，提出了具体要求和应对措施，积极应对人口老龄化，构建养老、孝老、敬老政策体系和社会环境，推进医养结合，加快老龄事业和产业发展。

第五，打造共建共治共享的社会治理格局。习近平在党的十九大报告中强调指出，要“打造新时代共建共治共享的社会治理格局”。这是中国特色社会主义进入新时代的客观要求，是解决新时代我国社会主要矛盾的

①习近平：《决胜全面建成小康社会　夺取新时代中国特色社会主义伟大胜利——在中国共产党第十九次全国代表大会上的报告》，人民出版社，2017，第48页。

本质规定，是全面建设社会主义现代化强国的现实需要。党的十九大报告指出："中国特色社会主义进入新时代，我国社会主要矛盾已经转化为人民日益增长的美好生活需要和不平衡不充分的发展之间的矛盾。"[①]进入新时代，人民美好生活需要日益广泛，不仅对物质文化生活提出了更高要求，而且在民主、法治、公平、正义、安全、环境等方面的要求也日益增长；同时，我国发展的不平衡不充分，已经成为满足人民日益增长的美好生活需要的主要制约因素。因此，我们要在继续推动发展的基础上，进一步加强和创新社会治理，打造共建共治共享的社会治理新格局，着力解决好发展不平衡不充分问题，大力提升发展质量和效益，更好满足人民在经济、政治、文化、社会、生态等方面日益增长的需要。

党的十九大报告指出："加强社会治理制度建设，完善党委领导、政府负责、社会协同、公众参与、法治保障的社会治理体制。"[②]制度建设的首要任务就是要明确多元治理主体的角色、职责及其相互关系。在我国，从执政党、政府，到社会组织，再到公民个体，其社会治理的根本利益是一致的，由此就决定了我国的社会治理体制一方面具有现代国家的社会治理之多元、协商、依法、共治等共性，另一方面又具有中国特色，最主要的特征就是要坚持党的领导，是中国特色社会主义社会治理体制的最大优势。正如习近平在党的十九大报告中所强调，要"提高社会治理社会化、法治化、智能化、专业化水平"。其中"社会化"就是广泛动员全体社会成员，激发出强大的社会参与和自主能动力量；"法治化"就是坚持以法律和法理为依据，界定权利义务、明确责任界限、规范社会行为、整

①习近平：《决胜全面建成小康社会　夺取新时代中国特色社会主义伟大胜利——在中国共产党第十九次全国代表大会上的报告》，人民出版社，2017，第11页。

②习近平：《决胜全面建成小康社会　夺取新时代中国特色社会主义伟大胜利——在中国共产党第十九次全国代表大会上的报告》，人民出版社，2017，第49页。

合社会秩序、保障社会治理良性运行；“智能化”就是构建智能化社会治理平台体系，实现精确、高效、便捷的新型社会治理；“专业化”就是着力培养一批专家型的城市管理干部，用先进的理念、科学的态度、专业的方法、精细的标准，为加强和创新社会治理提供各种专业服务。

要坚持安全发展理念，破解社会治理难题，确保社会安全有序发展。加强预防和化解社会矛盾机制建设，确保人民内部矛盾能够得到及时有效的解决。“树立安全发展理念，弘扬生命至上、安全第一的思想，健全公共安全体系，完善安全生产责任制，坚决遏制重特大安全事故，提升防灾减灾救灾能力。加快社会治安防控体系建设，依法打击和惩治黄赌毒黑拐骗等违法犯罪活动，保护人民人身权、财产权、人格权。加强社会心理服务体系建设，培育自尊自信、理性平和、积极向上的社会心态。”①党的十九大报告还第一次把社会心理服务和培育自尊自信、理性平和、积极向上的社会心态确立为加强和创新社会治理的重要目标之一，不仅体现了党对人民群众的深情厚谊和人文关怀，也表现出我国社会主义社会的本质属性和文明进步。“加强社区治理体系建设，推动社会治理重心向基层下移，发挥社会组织作用，实现政府治理和社会调节、居民自治良性互动”②，是巩固党和国家长治久安、人民安居乐业的社会基础。社区治理是社会治理的最根本的方式，我国社会问题主要集中在基层，解决社会问题的基本方式就是解决基层的问题。要把基层党组织建设成为宣传党的主张、贯彻党的决定、团结动员群众、推动改革发展的坚强战斗堡垒。社区治理组织要积极发挥自主能动作用，不断加强城市和农村基层基础工作，

①习近平：《决胜全面建成小康社会　夺取新时代中国特色社会主义伟大胜利——在中国共产党第十九次全国代表大会上的报告》，人民出版社，2017，第49页。

②习近平：《决胜全面建成小康社会　夺取新时代中国特色社会主义伟大胜利——在中国共产党第十九次全国代表大会上的报告》，人民出版社，2017，第49页。

不断健全城乡社区治理体系。深入调研治理体制问题，深化拓展网格化管理，尽可能把资源、服务、管理放到基层，使基层有能力更好地为群众提供精准有效的服务和管理，夯实国家治理的基石。

第六，完善国家安全战略和国家安全政策。十九大报告指出："国家安全是安邦定国的重要基石，维护国家安全是全国各族人民根本利益所在。"[①]应该说，十九大比以往任何一次党代会都更加关注国家安全，以习近平为核心的党中央比以往任何时候都更加重视国家安全。2013年11月，十八届三中全会设立国家安全委员会，以习近平为核心的党中央在国家安全方面作了一系列战略性布局，健全了以"国家安全委员会"为标志的国家安全体制机制，发展了以"总体国家安全观"为内容的国家安全思想理论，初步形成了以新《国家安全法》为基准的国家安全法律体系，完善了《国家安全战略纲要》为文本的国家安全方略谋划。对此，习近平在十九大报告中用"国家安全全面加强"进行了高度概括，但是我们要清醒地认识到，"国家安全全面加强"并不意味着我国国家安全问题得到了彻底解决，习近平在十九大报告中指出，"国家安全面临新情况"，许多新问题需要积极应对和解决。为此，我们需要一个解决国家安全问题的总体指导思想。习近平于2014年4月15日在中央国家安全委员会第一次会议上提出的"总体国家安全观"，就是新时代中国特色国家安全方面的重要论述，是指导新时代中国特色国家安全工作的重要指南。把"坚持总体国家安全观"纳入习近平新时代中国特色社会主义思想，是十九大报告关于国家安全论述最突出的亮点。对此，习近平强调指出："坚持总体国家安全观。统筹发展和安全，增强忧患意识，做到居安思危，是我们党治国理政

①习近平：《决胜全面建成小康社会　夺取新时代中国特色社会主义伟大胜利——在中国共产党第十九次全国代表大会上的报告》，人民出版社，2017，第49页。

的一个重大原则。必须坚持国家利益至上，以人民安全为宗旨，以政治安全为根本，统筹外部安全和内部安全、国土安全和国民安全、传统安全和非传统安全、自身安全和共同安全，完善国家安全制度体系，加强国家安全能力建设，坚决维护国家主权、安全、发展利益。”习近平还对今后的国家安全工作作了战略性布局，强调要“有效维护国家安全”，指出“要完善国家安全战略和国家安全政策，坚决维护国家政治安全，统筹推进各项安全工作。健全国家安全体系，加强国家安全法治保障，提高防范和抵御安全风险能力。严密防范和坚决打击各种渗透颠覆破坏活动、暴力恐怖活动、民族分裂活动、宗教极端活动。加强国家安全教育，增强全党全国人民国家安全意识，推动全社会形成维护国家安全的强大合力”[①]。

五、生态文明体制

建设生态文明是中华民族永续发展的千年大计，是实现中华民族伟大复兴的中国梦的重要内容。十九大报告提出：“我们要建设的现代化是人与自然和谐共生的现代化，既要创造更多物质财富和精神财富以满足人民日益增长的美好生活需要，也要提供更多优质生态产品以满足人民日益增长的优美生态环境需要。”[②]我们一定要深刻领会加快生态文明体制改革、建设美丽中国的重大部署，牢固树立社会主义生态文明观，推动形成人与自然和谐发展现代化建设新格局。

①习近平：《决胜全面建成小康社会　夺取新时代中国特色社会主义伟大胜利——在中国共产党第十九次全国代表大会上的报告》，人民出版社，2017，第49-50页。

②习近平：《决胜全面建成小康社会　夺取新时代中国特色社会主义伟大胜利——在中国共产党第十九次全国代表大会上的报告》，人民出版社，2017，第50页。

“人与自然是生命共同体，人类必须尊重自然、顺应自然、保护自然。只有遵循自然规律才能有效防止在开发利用自然上走弯路，人类对大自然的伤害最终会伤及人类自身，这是无法抗拒的规律。”[①]这个道理我们要铭记于心、落实于行。党的十八大以来，以习近平为核心的党中央，大力推进生态文明建设，生态文明制度体系加快形成，全面节约资源有效推进，重大生态保护和修复工程进展顺利，生态环境治理明显加强，环境状况得到改善。在各项工作取得显著成效的基础上，党的十九大将“坚持人与自然和谐共生”确立为新时代坚持和发展中国特色社会主义的基本方略之一，提出了加快生态文明体制改革、建设美丽中国的宏伟蓝图，彰显出我们党对人类文明发展规律的深刻认识。环境就是民生，青山就是美丽，蓝天也是幸福。我们要建设的现代化是人与自然和谐共生的现代化，既要创造更多物质财富和精神财富以满足人民日益增长的美好生活需要，也要提供更多优质生态产品以满足人民日益增长的优美生态环境需要。必须坚持节约优先、保护优先、自然恢复为主的方针，形成节约资源和保护环境的空间格局、产业结构、生产方式、生活方式，还自然以宁静、和谐、美丽。党的十九大报告对推进绿色发展、着力解决突出环境问题、加大生态系统保护力度、改革生态环境监管体制四个方面，作出了具体部署。目标任务已经明确，关键是强化责任担当，狠抓工作落实。

第一，加快建立绿色生产和消费的法律制度和政策导向。走向生态文明新时代，建设美丽中国，是实现中华民族伟大复兴的中国梦的重要内容之一。2012年11月召开的党的十八大，把生态文明建设纳入中国特色社会主义事业“五位一体”总体布局，首次把“美丽中国”作为生态文明建设

①习近平：《决胜全面建成小康社会　夺取新时代中国特色社会主义伟大胜利——在中国共产党第十九次全国代表大会上的报告》，人民出版社，2017，第50页。

的宏伟目标。十八大审议通过《中国共产党章程（修正案）》，将“中国共产党领导人民建设社会主义生态文明”写入党章，作为行动纲领；十八届三中全会提出加快建立系统完整的生态文明制度体系；十八届四中全会要求用严格的法律制度保护生态环境；十八届五中全会提出“五大发展理念”，将绿色发展作为“十三五”乃至更长时期经济社会发展的一个重要理念，成为党关于生态文明建设、社会主义现代化建设规律性认识的最新成果。党的十九大明确提出要“加快建立绿色生产和消费的法律制度和政策导向，建立健全绿色低碳循环发展的经济体系”[①]。我们要深入贯彻落实习近平总书记对生态文明建设的重要指示要求，把生态文明建设放在更加突出的位置抓紧抓实抓好，推动形成绿色发展方式和生活方式。要“坚持人与自然和谐共生。建设生态文明是中华民族永续发展的千年大计。必须树立和践行绿水青山就是金山银山的理念，坚持节约资源和保护环境的基本国策，像对待生命一样对待生态环境，统筹山水林田湖草系统治理，实行最严格的生态环境保护制度，形成绿色发展方式和生活方式，坚定走生产发展、生活富裕、生态良好的文明发展道路，建设美丽中国，为人民创造良好生产生活环境，为全球生态安全作出贡献”[②]。要像保护眼睛一样保护生态环境，像对待生命一样对待生态环境，坚决摒弃以牺牲生态环境换取一时一地经济增长的做法，让良好生态环境成为人民生活的增长点、成为经济社会持续健康发展的支撑点、成为展现我们国家良好形象的发力点。

第二，加强生态环境保护的法律体系建设。保护生态环境是一个系统

①习近平：《决胜全面建成小康社会　夺取新时代中国特色社会主义伟大胜利——在中国共产党第十九次全国代表大会上的报告》，人民出版社，2017，第50–51页。

②习近平：《决胜全面建成小康社会　夺取新时代中国特色社会主义伟大胜利——在中国共产党第十九次全国代表大会上的报告》，人民出版社，2017，第23–24页。

工程，要坚持全民共治、源头防治、持续实施大气污染防治行动，加强保护生态环境方面的法律法规建设。我国自然资源资产的产权制度还没有建立起来，自然资源资产的产权不明晰，权责不明确，导致很多环境管理问题比较混乱。要“加快水污染防治，实施流域环境和近岸海域综合治理。强化土壤污染管控和修复，加强农业面源污染防治，开展农村人居环境整治行动。加强固体废弃物和垃圾处置。提高污染排放标准，强化排污者责任，健全环保信用评价、信息强制性披露、严惩重罚等制度。构建政府为主导、企业为主体、社会组织和公众共同参与的环境治理体系。积极参与全球环境治理，落实减排承诺”①。我们要健全自然资源资产产权制度，在此基础上，要健全用途管理制度、自然资源资产管理体制、主体功能区制度、国土空间开发保护制度、国家自然资源资产管理体制、国土空间开发保护制度，通过建立完善的环境保护制度，从源头上加强生态环境的保护，着力解决突出的环境问题。

第三，完善生态环境监管体制。改革生态环境监管体制，坚持一类事项原则上由一个部门统筹负责，避免“九龙治水”问题，避免部门间相互扯皮推诿、办事效率低，浪费行政资源。党的十九大报告提出，设立国有自然资源资产管理和自然生态监管机构，完善生态环境管理制度，统一行使全民所有自然资源资产所有者职责，统一行使所有国土空间用途管制和生态保护修复职责，统一行使监管城乡各类污染排放和行政执法职责。组建的自然资源部，是自然资源资产管理机构，主要行使各种自然资源摸清底数、确权登记、用途管制等职能。组建的生态环境部，是自然生态监管机构，其职能侧重生态环境、污染排放等方面的监管执法。

---

①习近平：《决胜全面建成小康社会　夺取新时代中国特色社会主义伟大胜利——在中国共产党第十九次全国代表大会上的报告》，人民出版社，2017，第51页。

第四，强化生态环境损害赔偿的力度。要真正保护生态环境，必须加强对损害生态环境的相关责任单位和责任人的惩罚力度，要加大对造成生态环境的单位和个人的惩罚力度，健全和完善相关法律法规。目前我国对造成环境严重破坏的企业、个人虽有规定，但是惩罚的力度还不够，责任追究还不到位，还没有真正形成震慑作用。要逐步建立生态环境损害责任追责制度，实行生态环境状态一票否决制，从制度上根本杜绝为了谋求经济的快速发展，而不惜牺牲环境的政府行为的发生。更要有针对性地对企业或个人违反法律法规、破坏生态环境的行为，实行高额的损害赔偿制度，让相关责任人受到法律的制裁。过去我们对破坏环境造成的损害的行为往往处罚太轻，赔偿数额太少，要大幅度提高损害赔偿的额度，要大幅度提高对损害环境的当事人的处罚，对造成严重后果的要依法追究刑事责任。

第七章
中国特色社会主义制度比较研究

中国特色社会主义制度与苏联社会主义制度既有区别，又有联系。中国特色社会主义制度借鉴了苏联社会主义制度中的合理因素，同时，在中国特色社会主义实践的过程中，注重总结经验教训，探索适合我国国情的社会主义制度，克服了苏联社会主义制度的不利因素。分析和研究苏联社会主义制度、民主社会主义制度、新自由资本主义制度和中国特色社会主义制度的联系和区别，有助于我们进一步完善和发展中国特色社会主义制度，具有重要的理论和实践意义。

一、中国特色社会主义制度与苏联社会主义制度

（一）中国特色社会主义制度与苏联社会主义制度的联系

新中国成立之初，以毛泽东为核心的党中央第一代领导集体分析了当时国内外形势，从我国基本国情出发，在学习和借鉴苏联社会主义制度的基础上，确立了我国社会主义的基本制度。

中国特色社会主义，是中国共产党依据马克思主义的一般原理，结合中国的实际情况，进行社会主义建设的道路、形式和方法。中国特色社会主义是中国共产党人创造性地把马克思主义的基本原理与中国实际相结合，又充分吸取了人类文明的共同成果而形成的，中国特色社会主义也曾经与苏联社会主义建设模式（或称苏联模式）有十分密切的关系，但这是继承和扬弃的关系。

所谓苏联社会主义模式，是指十月革命后，苏联作为第一个社会主义国家，在战争与革命时代，在资本主义的包围下，为了巩固和发展社会主义，而采取的一种高度集中的社会主义的政治、经济体制。这种模式始于列宁，成于斯大林。中国社会主义模式是吸收苏联社会主义模式有益经验和汲取其失败教训，在中国共产党的坚强领导和不断开拓创新的基础上发展起来的。因此，有必要对两种不同的社会主义模式的异同点进行对比、研究。

第一，我国参照苏联无产阶级专政确立了我国人民民主专政制度。在国际共产主义运动史上，苏联第一次把无产阶级专政理论变为现实，并对我国人民民主专政制度的确立产生了重要影响。民主革命时期，中国共产党就仿照苏联在根据地建立了苏区政权。“当时，在苏区政权建设上，从政权的名称、形式到内容，如剥夺有产阶级选举权、对工农实行不平等的代表权、实行共产党一党单独存在等，都是照搬原苏联的。”[①]新中国成立之初，毛泽东曾多次指出，要认真研究和学习苏联无产阶级专政的历史经验。20世纪50年代中期，党在总结无产阶级专政历史经验的时候，对中苏政治制度之间的密切关系给予了充分肯定，认为十月革命的道路“反

①黄宗良：《从原苏联模式到中国特色社会主义》，《中共党史研究》2010年第7期。

映了人类社会发展长途中的一个特定阶段内关于革命和建设工作的普遍规律。这不但是原苏联无产阶级的康庄大道，而且是各国无产阶级为了取得胜利都必须走的共同的康庄大道……中国共产党人把自己所干的事业看成是伟大的十月革命的继续”[①]。1957年，在总结苏联无产阶级专政经验对其他社会主义国家的借鉴意义时，毛泽东再次强调：“各国无产阶级的革命家如果……不认真研究原苏联无产阶级专政和社会主义建设的经验，并且按照本国的具体条件，有分析地、创造性地利用这些经验，那么，他就不能通晓作为马克思主义发展新阶段的列宁主义，就不能正确地解决本国的革命和建设的问题。”[②]我国人民民主专政制度的建立受到了苏联无产阶级专政的影响，但是，我们并没有完全照搬照抄苏联无产阶级专政。

第二，我国借鉴苏联制度建立了我国的人民代表大会制度。毛泽东认为，近代中国历史已经证明，资产阶级议会制不适合中国，我们应借鉴苏联的苏维埃制度组织人民政权。毛泽东在1948年9月的中央政治局会议上就指出：“我们采用民主集中制，而不采用资产阶级议会制。”[③]在党的七届二中全会上，毛泽东总结了新中国政权组织形式，认为“我们不采取资产阶级共和国的国会制度，而采取无产阶级共和国的苏维埃制度”[④]。新中国成立之初我国人民代表大会制度的确立过程中受到了苏联无产阶级专政制度的影响。

第三，我国确立的公有制经济和计划经济体制受到苏联经济制度的影响。新中国成立之初，毛泽东就出访苏联，考察和学习苏联经验，争取苏联援助。访苏期间，毛泽东深受影响，在莫斯科车站告别演说中谈

①《再论无产阶级专政的历史经验》，《人民日报》1956年12月29日。
②《毛泽东文集》（第七卷），人民出版社，1999，第315页。
③《毛泽东文集》（第五卷），人民出版社，1996，第136页。
④《毛泽东文集》（第五卷），人民出版社，1996，第265页。

道："原苏联经济文化及其他各项重要建设的经验将成为新中国建设的榜样。"苏联经济在很短的时间内取得了巨大成就，主要在于公有制经济和计划经济体制。因此，毛泽东指出："资本主义社会里，国民经济的平衡是通过危机达到的。社会主义社会里，有可能经过计划来实现平衡。"[①] 新中国成立之初我国所走的社会主义道路，很大程度上是学习苏联社会主义制度。随着我国社会主义改造基本完成，我国逐步确立了以公有制为基础的经济制度和计划经济体制。

第四，我国1954年宪法是在学习借鉴苏联宪法的基础上产生的。宪法是社会主义制度的重要组成部分，被称为母法，宪法是各项制度得以贯彻落实的重要保障。毛泽东在谈到宪法的作用时指出："用宪法这样一个根本大法的形式，把人民民主和社会主义原则固定下来，使全国人民有一条清楚的轨道，使全国人民感到有一条清楚的明确的正确的道路可走，就可以提高全国人民的积极性。"[②] 在制定宪法的过程中，毛泽东指示中央政治局委员和在京的中央委员研究《俄罗斯社会主义联邦苏维埃共和国宪法（根本法）》和《关于原苏联宪法草案的报告》。把苏联宪法序言部分中的主要原则：国家的社会主义性质、人民民主专政、共产党在社会生活中的领导地位、马克思列宁主义的指导思想、国家机构的民主集中制等作为我国宪法的序言部分，这个形式也一直保留到今天。

综上所述，我国在确立社会主义基本制度的过程中，充分学习和借鉴了苏联社会主义制度建设的经验和教训。社会主义基本制度的确立，为当代中国社会主义的发展和进步奠定了根本制度基础，为中国特色社会主义制度的确立和发展积累了丰富的经验。

---

①《毛泽东文集》（第八卷），人民出版社，1999，第118页。

②《毛泽东文集》（第六卷），人民出版社，1999，第328页。

（二）中国特色社会主义制度与苏联社会主义制度的区别

党的十一届三中全会以来，我国在坚持社会主义基本制度的基础上，总结国内外社会主义制度建设的发展经验，不断深化对社会主义制度建设规律的认识，逐步确立了中国特色社会主义制度，实现了对苏联社会主义制度的超越。苏联社会主义制度和中国特色社会主义制度的不同之处可以从政治、经济、文化、外交等方面进行分析，具体来说，包括以下几个方面：

第一，在政党制度上，中国共产党在革命胜利后没有照抄照搬苏联的一党制，而是允许各民主党派长期存在和发展，实行中国共产党领导的多党合作与政治协商制度，中国共产党与各民主党派“长期共存、互相监督、肝胆相照、荣辱与共”，并在此基础上发展出了中国特色民主协商制度。党的十九大报告指出：“统一战线是党的事业取得胜利的重要法宝，必须长期坚持。要高举爱国主义、社会主义旗帜，牢牢把握大团结大联合的主题，坚持一致性和多样性统一，找到最大公约数，画出最大同心圆。坚持长期共存、互相监督、肝胆相照、荣辱与共，支持民主党派按照中国特色社会主义参政党要求更好履行职能。”①

第二，在经济制度上，中国共产党并没有采用苏联那样严格的计划经济和权力高度集中的中央集权制度，而强调发挥中央和地方的积极性，做到集权与分权的有机统一。党的十一届三中全会后，在总结我国社会主义建设历史经验的过程中，邓小平指出：“什么叫社会主义？什么叫马克思主义？我们过去对这个问题的认识不是完全清醒的。”“马克思主义最注

①习近平：《决胜全面建成小康社会　同夺取新时代中国特色社会主义伟大胜利——在中国共产党第十九次全国代表大会上的报告》，人民出版社，2017，第39页。

重发展生产力。”“如果说我们建国以后有缺点，那就是对发展生产力有某种忽略”，“所以社会主义阶段的最根本任务就是发展生产力，社会主义的优越性归根结底要体现在它的生产力比资本主义发展得更快一些、更高一些，并且在发展生产力的基础上不断改善人民的物质文化生活”①。1992年，邓小平在南方谈话中指出：“社会主义的本质，是解放生产力，发展生产力，消灭剥削，消除两极分化，最终达到共同富裕。”②我国坚持公有制为主体、多种所有制经济共同发展的基本经济制度和按劳分配为主体、多种分配方式并存的分配制度，充分发挥不同所有制经济在发展生产力中的积极作用。党的十九大报告明确提出：“必须坚持和完善我国社会主义基本经济制度和分配制度，毫不动摇巩固和发展公有制经济，毫不动摇鼓励、支持、引导非公有制经济发展，使市场在资源配置中起决定性作用，更好发挥政府作用，推动新型工业化、信息化、城镇化、农业现代化同步发展，主动参与和推动经济全球化进程，发展更高层次的开放型经济，不断壮大我国经济实力和综合国力。”③可见，中国特色社会主义经济制度，克服了苏联经济制度单一排他的发展模式，更具有多样性和包容性，是中国社会主义现代化建设取得巨大成就的重要保障。

第三，在发展文化艺术和科学技术问题上，中国采用的是“百花齐放，百家争鸣”的方针，没有采用苏联那样的建立在严格的意识形态控制基础上的“舆论一律”方针。党的十九大报告明确指出：“发展中国特色社会主义文化，就是以马克思主义为指导，坚守中华文化立场，立足当代中国现实，结合当今时代条件，发展面向现代化、面向世界、面向未来

①《邓小平文选》（第三卷），人民出版社，1993，第63页。

②《邓小平文选》（第三卷），人民出版社，1993，第373页。

③习近平：《决胜全面建成小康社会　夺取新时代中国特色社会主义伟大胜利——在中国共产党第十九次全国代表大会上的报告》，人民出版社，2017，第21页。

的，民族的科学的大众的社会主义文化，推动社会主义精神文明和物质文明协调发展。要坚持为人民服务、为社会主义服务，坚持百花齐放、百家争鸣，坚持创造性转化、创新性发展，不断铸就中华文化新辉煌。”[①]在文化制度方面，中国特色社会主义制度，表现出原则性与多样性的统一，克服了苏联社会主义文化制度单一排他的弊端，从这一点上来看，中国特色社会主义文化制度在开放中发展，在开放中完善。

第四，在处理不同地域与不同民族的关系问题上，中国没有采用苏联那样的加盟共和国制度，而是基于中国“大一统”的历史文化传统，有分有合，建立起“多元一体”的格局。实行民族区域自治制度，在国家统一领导下，各少数民族聚居的地方实行区域自治，设立自治机关，行使自治权。党的十九大报告指出：“必须坚持中国特色社会主义政治发展道路，坚持和完善人民代表大会制度、中国共产党领导的多党合作和政治协商制度、民族区域自治制度、基层群众自治制度，巩固和发展最广泛的爱国统一战线，发展社会主义协商民主，健全民主制度，丰富民主形式，拓宽民主渠道，保证人民当家作主落实到国家政治生活和社会生活之中。”[②]

二、中国特色社会主义制度与民主社会主义制度

民主社会主义与中国特色社会主义的区别何在？民主社会主义是否适合中国发展？这样的问题对于马克思主义理论工作者来说是必须要解释清

①习近平：《决胜全面建成小康社会　夺取新时代中国特色社会主义伟大胜利——在中国共产党第十九次全国代表大会上的报告》，人民出版社，2017，第40–41页。

②习近平：《决胜全面建成小康社会　夺取新时代中国特色社会主义伟大胜利——在中国共产党第十九次全国代表大会上的报告》，人民出版社，2017，第22页。

楚的。实际上，民主社会主义与中国特色社会主义具有原则性的区别，中国只能选择中国特色社会主义而决不能选择民主社会主义，民主社会主义不适合中国，中国如果选择民主社会主义，必然导致全盘西化，走向资本主义。

（一）民主社会主义与中国特色社会主义辨析

民主社会主义是国际工人运动中改良主义发展到一定历史阶段的产物。二战后，民主社会主义国家先后建立了“福利国家”，社会政治稳定，而一些共产党执政的国家发生了失误，在这种背景下，国内外对民主社会主义的评价日趋肯定，认为民主社会主义具有普世价值，是“不可抗拒的历史潮流”，盼望中国有朝一日也“换上社会民主主义的瑰丽颜色”。[①]我们应该坚持辩证唯物主义和历史唯物主义，实事求是、全面客观地研究中国特色社会主义与民主社会主义的本质和两者的本真关系，深刻地认识民主社会主义和中国特色社会主义的根本区别，批判地借鉴社会民主党人的改良经验，不断推进中国特色社会主义事业健康发展。

第一，民主社会主义的性质。民主社会主义的性质是什么？是戴着社会主义桂冠的改良主义的资本主义，是一种反对科学社会主义的改良主义，而不是马克思主义的科学社会主义。

首先，民主社会主义的实质是一种改良主义。民主社会主义的内涵在不同的时期有着不同的表现，民主社会主义理论经历着产生、发展、兴衰的历史发展过程，从最初的资本主义“和平长入”社会主义观念，开始接受伯恩斯坦主义；到二战结束后，以《哥德斯堡纲领》为标志，全面接受

①刘国凯：《历史潮流——社会民主主义》，明镜出版社，2000，第227页。

伯恩斯坦主义，以伦理社会主义的“人性解放”为基本价值目标，社会制度目标由制度社会主义向价值社会主义转变；到 20 世纪 70 年代中期，民主社会主义理论突破了欧洲中心主义，以和平、发展和人权为主题，把改良主义推向全世界；20 世纪 80 年代中后期，在科技革命迅猛发展和经济全球化的背景下，重提第三条道路，标榜自己走的是不同于共产主义和资本主义的第三条道路，并在基本理论中注入生态保护的新内容，对社会福利制度进行反思。民主社会主义由最初的小资产阶级社会主义，到 19 世纪末逐渐背离了科学社会主义，最终形成了具有自己独特思想理论体系和社会意识形态的社会改良体系。

其次，民主社会主义是资本主义性质的社会思潮，民主社会主义主张在原有的制度体系框架下渐进式地进入社会主义社会。民主社会主义从最初的信奉马克思主义，逐步改良为世界观中立和指导思想的多元化；从最初的把建立社会主义社会制度作为目标到逐步改良发展为仅仅把社会主义作为一种价值追求，认为资本主义无可替代。列宁曾经尖锐地指出，由于改良主义“只是限于改良”，“他们堕落到充当地道的‘资本主义护士’的地步”。[①]民主社会主义者反对使用暴力革命等激进的方式实现社会主义，主张通过政治民主、经济民主、社会民主、国际民主的民主方式来改良现行的资本主义制度，渐进式地进入社会主义社会。民主社会主义的实质，是资本主义的改良主义思潮，是维护资本主义统治的改良观。民主社会主义主张建立资产阶级民主共和国，实行社会主义改良，逐步完善资本主义社会，最终过渡到社会主义社会。

再次，民主社会主义对资本主义的批判不彻底、不科学。马克思主义

①《列宁全集》（第二十八卷），人民出版社，1995，第251页。

创始人关于资本主义必然发展到社会主义的设想，认为社会主义首先应该出现在经济文化相对发达的欧美资本主义国家，但是，长期以来，仍然处于设想阶段，没有实际社会实践支持，民主社会主义改良实践及其成就，对于人们探索和思考发达资本主义国家如何走向社会主义这一历史课题具有一定的借鉴意义。马克思主义认为“资产阶级的灭亡和无产阶级的胜利是同样不可避免的”[①]，“无产阶级将利用自己的政治统治，一步一步地夺取资产阶级的全部资本，把一切生产工具集中在国家即组织成为统治阶级的无产阶级手里，并且尽可能快地增加生产力的总量”[②]。民主社会主义的设想是在资本主义的制度体制范围内进行的，认为社会主义的实现前提是承认国家制度的合法性，主张多党制和议会共和制的政治制度，主张通过民主的途径和改良的方法逐步使现代资本主义国家转变为社会主义性质的国家。

第二，中国特色社会主义的特质。首先，中国特色社会主义是党和人民奋斗、创造、积累的根本成就。党的十八大报告高度总结和概括了中国特色社会主义的内涵和重要组成部分，指出“中国特色社会主义道路，中国特色社会主义理论体系，中国特色社会主义制度，是党和人民九十多年奋斗、创造、积累的根本成就，必须倍加珍惜、始终坚持、不断发展”[③]。中国共产党自成立以来，带领中国人民始终坚持马克思主义的基本立场、方法和基本观点，在实践中不断发展马克思主义，主张进行彻底的资产阶级革命，消灭私有制，过渡到社会主义社会，最终实现共产主义。十八大报告提出：“回首近代以来中国波澜壮阔的历史，展望中华民

①《马克思恩格斯选集》（第一卷），人民出版社，1972，第263页。

②《马克思恩格斯选集》（第一卷），人民出版社，1972，第272页。

③胡锦涛：《坚定不移沿着中国特色社会主义道路前进 为全面建成小康社会而奋斗——在中国共产党第十八次全国代表大会上的报告》，人民出版社，2012，第12页。

族充满希望的未来，我们得出一个坚定的结论：全面建设小康社会，加快推进社会主义现代化，实现中华民族伟大复兴，必须坚定不移地走中国特色社会主义道路。”

其次，中国特色社会主义是马克思主义中国化的典范。正如马克思主义的创始人在其经典著作中所阐述的：“我们的理论是发展的理论，而不是必须背得烂熟并机械地加以重复的教条。”①马克思主义的理论是发展的理论，从创立之日起就体现着发展的过程，从马克思主义的创立到列宁主义的产生，从马克思主义在原东欧国家的实践到马克思主义在中国、越南、古巴、朝鲜等国的实践和发展，均体现了马克思主义从理论到实践、从一国实践到多国实践的发展历程。中国共产党人从中国的实际国情出发，不断发展马克思主义，成功实现了马克思主义的中国化，中国特色社会主义“既坚持了科学社会主义基本原则，又根据时代条件赋予其鲜明的中国特色，以全新的视野深化了对共产党执政规律、社会主义建设规律、人类社会发展规律的认识，从理论和实践结合上系统回答了在中国这样人口多底子薄的东方大国建设什么样的社会主义、怎样建设社会主义这个根本问题，使我们国家快速发展起来，使我国人民生活水平快速提高起来”②。

再次，中国特色社会主义对人们思考经济文化落后国家如何实现社会主义这一历史难题具有重要的启示作用。2010年我国GDP总量居世界第二，外汇储备居世界第一，首次超过了世界经济强国日本，成为世界第二大经济体；无与伦比的北京奥运会、举世瞩目的上海世博会、全球金融危

①《马克思恩格斯选集》（第四卷），人民出版社，1972，第460页。

②胡锦涛：《坚定不移沿着中国特色社会主义道路前进　为全面建成小康社会而奋斗——在中国共产党第十八次全国代表大会上的报告》，人民出版社，2012，第13页。

机背景下的经济快速增长等一系列重大成就，彰显着中国特色社会主义建设的伟大成就，“实践充分证明，中国特色社会主义是当代中国发展进步的根本方向，只有中国特色社会主义才能发展中国”。

（二）中国特色社会主义与民主社会主义的区别

民主社会主义与中国特色社会主义的区别何在？这对于马克思主义理论工作者来说几乎是一个常识性的问题，但一些人在二者的关系问题上蓄意制造思想混乱，现在成了必须要弄清楚的问题。

第一，指导思想的差异。是否坚持马克思主义的指导，是中国特色社会主义与民主社会主义在制度上的本质区别。中国特色社会主义始终坚持以马克思主义为唯一的指导思想。《共产党宣言》中对共产主义这样阐述：“共产主义的特征并不是废除一般所有制，而是要废除资产阶级的所有制。……共产党人可以用一句话把自己的理论概括为：消灭私有制。”[①]民主社会主义提倡指导思想多元化，反对把马克思主义作为唯一的指导思想，民主社会主义不主张消灭资本主义私有制，建立社会主义公有制。早期大部分的民主社会主义者以马克思主义为指导思想，恩格斯去世后，伯恩斯坦等人歪曲了恩格斯晚年的理论观点，认为恩格斯晚年放弃了暴力革命的主张，提出了和平手段即改良方式夺取政权。事实上恩格斯等马克思主义经典作家的观点是始终运用辩证唯物主义历史观来看待暴力革命和和平夺取政权的可能性的，采取革命还是改良手段，要根据各国的具体情况而定，不能一概而论选择何种方式。伯恩斯坦等人的改良道路，具有一定的合理性，但是不能把改良道路绝对化。由此可见，“中国特色

①《马克思恩格斯选集》（第一卷），人民出版社，1972，第265页。

社会主义属于科学社会主义的范畴，是以马克思主义理论为指导思想分析批判资本主义，论证社会主义的历史必然性与合理性。而民主社会主义只把马克思的部分理论和分析作为其多元思想中的一种，并放弃了马克思理论的许多基本原理和原则立场”[①]。民主社会主义者把基督教学说、法国大革命的《人权和公民权宣言》、康德的伦理学与启蒙思想、黑格尔的辩证历史哲学、伯恩斯坦的修正主义、凯恩斯主义经济学等都作为自己的思想来源和构成，并将这些思想融为一体，表现为指导思想的“多元化”和“思想民主”，反对马克思主义在意识形态领域的指导地位。中国特色社会主义制度坚持马克思主义在意识形态领域的指导地位，坚持用发展着的马克思主义指导我们的社会主义实践。习近平在党的十九大报告中提出：“必须坚持马克思主义，牢固树立共产主义远大理想和中国特色社会主义共同理想，培育和践行社会主义核心价值观，不断增强意识形态领域主导权和话语权，推动中华优秀传统文化创造性转化、创新性发展，继承革命文化，发展社会主义先进文化，不忘本来、吸收外来、面向未来，更好构筑中国精神、中国价值、中国力量，为人民提供精神指引。”[②]我们强调坚持马克思主义的指导地位，但是我们并不是用一种教条的、僵化的态度对待马克思主义，我们是在坚持马克思主义的同时发展马克思主义，与中国改革发展实践相结合，形成中国特色社会主义理论，进而指导中国社会主义实践。

第二，社会制度诉求不同。中国特色社会主义始终坚持马克思主义，在实践中不断发展马克思主义，主张进行彻底的资产阶级革命，消灭私有

①贾中海、李娟：《民主社会主义的价值体系：原旨、批判与选择》，《政治学研究》2011年第4期。

②习近平：《决胜全面建成小康社会　夺取新时代中国特色社会主义伟大胜利——在中国共产党第十九次全国代表大会上的报告》，人民出版社，2017，第23页。

制，过渡到社会主义社会，最终实现共产主义。民主社会主义的社会制度设计是在资本主义社会范围内进行改良，建设社会主义，放弃了公有制和共产主义的诉求。民主社会主义推行的改良，始终走的是一条资本主义改良的道路，在把资本主义改变为社会主义这个根本问题上始终没有解决办法。社会党国际副主席帕尔梅曾提出："在一定程度上我们社会党人确实是与资本主义共同生存的。"他认为，"过时的'废除资本主义'的口号已经没有什么吸引力了，现在不能简单地说什么'我们要废除资本主义'"[①]。总之，民主社会主义主张以对经济的民主监督取代消灭私有制，不需要从根本上改变资本主义制度，由于西方国家社会民主党都是在坚持私有制的前提下进行的，在内容上放弃了公有制的诉求，因此不可能从根本上改变生产资料的私有制性质，更不可能解决资本主义社会化大生产与生产资料私人占有之间的矛盾。虽然，民主社会主义的社会保障和社会福利制度的实行在一定程度上缩小了贫富差距，缓和了阶级矛盾，维护了社会的稳定，但是民主社会主义本身也不得不承认，这种社会制度导致了越来越多的负面效应，说到底也只能起到一种社会矛盾的缓冲期作用，不能从根本上解决社会矛盾。

第三，政治制度实践模式的迥异。党的十八大报告明确表述："中国特色社会主义制度，就是人民代表大会制度的根本政治制度，中国共产党领导的多党合作和政治协商制度、民族区域自治制度以及基层群众自治制度等基本政治制度。"[②]党的十九大报告提出："中国特色社会主义道路是实现社会主义现代化、创造人民美好生活的必由之路，中国特色社会主

①［德］勃兰特等：《社会民主与未来》，丁冬红、白伟译，重庆出版社，1990，第113—114页。

②胡锦涛：《坚定不移沿着中国特色社会主义道路前进　为全面建成小康社会而奋斗——在中国共产党第十八次全国代表大会上的报告》，人民出版社，2012，第12页。

义理论体系是指导党和人民实现中华民族伟大复兴的正确理论，中国特色社会主义制度是当代中国发展进步的根本制度保障，中国特色社会主义文化是激励全党全国各族人民奋勇前进的强大精神力量。”[①]民主社会主义主张政治民主、经济民主、社会民主和国际民主，认同西方的政治制度安排，主张实行多党制和议会民主制度。在经济纲领中民主社会主义把民主和人权看作是社会主义的价值追求，认为中立的、超阶级的现代资本主义国家是实现改良主义道路的前提；民主社会主义的经济纲领主张用混合经济取代社会主义公有化，建立和发展工人参与决策和管理的经济民主，建立和发展社会福利制度；民主社会主义的思想纲领主张世界观中立、指导思想多元化。

第四，政党性质不同。中国共产党与社会民主党是两种不同性质的政党，中国共产党首先是中国工人阶级的先锋队，同时是中国人民和中华民族的先锋队，是代表全国人民和中华民族利益的政党，是以马克思主义为指导思想，按照民主集中制组织起来的、以实现共产主义为最终奋斗目标的政党。而社会民主党从原来是工人阶级的政党蜕变为全民党，它反对民主集中制原则，否认公有制经济是社会主义经济的制度基础，它的社会主义是没有经济制度基础的、只是作为一种伦理和价值追求的社会主义，企图在保留和维护资本主义私有制的条件下去建立自由、平等、公平、友爱、团结互助、生活美好的未来社会，这必然是一种幻想、空想。因此，社会民主党是阶级调和的政党，是主张资本主义改良的所谓“全民党”。

①习近平：《决胜全面建成小康社会　夺取新时代中国特色社会主义伟大胜利——在中国共产党第十九次全国代表大会上的报告》，人民出版社，2017，第17页。

（三）中国特色社会主义与民主社会主义的联系

在时代适应性方面，中国特色社会主义是中国共产党人结合中国的国情，研究新情况，提出的新理论。中国特色社会主义的提出，解决了新问题，开拓了马克思主义发展的新境界，对时代特征和世界形势作出了科学合理的判断。民主社会主义，其实质是资本主义改良主义的思想体系，其本身就是适应资本主义制度的发展的产物，民主社会主义理论发展具有时代适应性。中国特色社会主义与民主社会主义两者都顺应时代发展的要求和经济全球化发展的潮流，为自身发展创造良好的外部环境，通过调整和完善既有制度，推动社会生产力的发展。

在对传统资本主义的否定性取向方面，在社会改革浪潮涌来时，当时的各国的实践模式大体上有三种情况：一是拒绝和否定改革，社会矛盾越来越大，最后引发全社会的动荡；二是进行民主社会主义改良，否定社会主义制度；三是推进社会主义改革，尤其以中国为代表，始终把发展经济和提高人民生活作为改革的起点和归宿，从而带动了经济发展，促进了社会进步和政治稳定。从中国特色社会主义和民主社会主义的发展历程来看，两者都是对现有的资本主义制度的否定，只是两者的实践模式不同，都是对资本主义进行改革的有益探索，从长远发展来看，对人类社会发展具有积极的推动意义。

在对权利的促进与保障方面，改革开放以后，我国经济发展迅速，经济实力和人民生活水平不断提高，从经济发展的阶段看，我国目前已经解决了温饱问题并初步建成了小康社会，实现共同富裕的物质基础已经基本奠定。在新一轮改革中又提出了“让全体人民共享改革发展成果”，体现了广大人民群众的根本利益和共同愿望，使我国深化改革的目标进一步科学化、具体化和明晰化。同样，在一些以民主社会主义为思想纲领的民主社会党执政国家的实践中，为改善公民生活状况也作出了一定的成绩，推动了人们的公民权利的发展，建立了相对完善的社会福利和社会保障制度，其内容包括劳动、就医、养老、残疾人福利、休息、儿童保护、受教育权利、社会保障等各个方面。同时，我们注意到社会党国际在成立之初，只是一个拥有978万党员34个成员党的国际组织，发展到今天已经成为拥有4000多万党员160多个成员党的国际组织，其成员党在50多个国家执政参政，民主社会主义在西方资本主义国家得到了广泛的支持，在这种背景下，也促使西方资本主义国家执政党更多地关注人们的权利的保障。

总之，中国特色社会主义始终坚持马克思主义的基本立场、方法和基本观点，在实践中不断发展马克思主义，主张进行彻底的资产阶级革命，消灭私有制，过渡到社会主义社会，最终实现共产主义。民主社会主义是一种资产阶级改良主义思想体系，是一种反马克思主义的改良观。两者既有区别，又紧密联系。充分认识中国特色社会主义与民主社会主义的关系，借鉴民主社会主义实践的经验和教训，对推动我国的社会主义建设全面、协调、可持续发展大有裨益。

（四）坚定不移地走中国特色社会主义道路

中国特色社会主义是中国人民的选择，是中国共产党带领中国人民进行社会主义建设的实践中逐步形成的。民主社会主义是资本主义的改良主义思想体系，民主社会主义产生的经济基础是资本主义，民主社会主义不适合中国。中国改革开放40年来所取得的伟大成就有力证明了中国特色社会主义在中国具有强大的生命力，只有坚定不移地走中国特色社会主义道路，才能有光明的前途和未来。

民主社会主义作为上层建筑的一部分，它的产生和兴起也根植于经济基础，资本主义就是民主社会主义产生的经济基础。资本主义在中国近代历史条件下，还在襁褓之中就被西方列强和封建主义势力消灭，因此，在中国，“民主社会主义产生和兴起的经济基础并不具备，民主社会主义思潮对中国和中国共产党的影响很小，中国社会不具备社会民主党和民主社会主义建立和发展的政治、经济基础，在中国没有形成民主社会主义的传统力量”①，它对中国社会变革的实践的影响不大。

中国近代史上曾经出现了一个自称倡导民主社会主义的政党，就是毛泽东指出的“中国也有过‘第二国际’——江亢虎的社会党”②。1911年11月5日，江亢虎以社会主义研究会发起人名义召集特别会议，提议“改组社会”，中国社会党宣告成立。这是中国历史上第一个社会党。它的本部设立在上海，在江浙和南方各省设立490多个支部。1912年6月，中国社会党与“中华民国”工党联合。1913年被袁世凯政府解散。1924年，召开临时会议，宣布复党重建。1925年，改名为新社会民主党，本部设在北京。1939年，中国社会民主党发表拥护汪精卫宣言，成为一个具有反动卖国性质的政党。早期中国社会民主党的主要特征有以下几方面：

首先，中国社会民主党不具备独立执政的历史条件。中国社会民主党产生时，中国正处于殖民地半殖民地的封建社会，中国封建社会不存在民主机制，没有中国改良主义生存的条件，中国的社会民主党一产生就与中国的封建势力有着密切的联系，带有明显的封建性和软弱性，中国社会民主党领导人江亢虎始终与封建军阀、北洋军阀联系密切，多次请求他们的支持。在袁世凯的镇压下，江亢虎曾经辞去“本部主任”的职务，再次显

①林建华、董泉增：《当代西欧社会民主党论纲》，中国工人出版社，1995，第323页。
②《毛泽东著作选读》（下），人民出版社，1986，第747页。

示了他在政治上的软弱性。

其次，中国社会民主党与国内资产阶级和无产阶级不相容，导致在政治局势上的孤立无援。中国社会民主党不同于西方社会党，具有广泛的群众基础。在中国，社会民主党是资产阶级的中、右势力的代表，与孙中山领导的资产阶级革命派的思想不相融合，拒绝接受资产阶级革命派的基本主张，显示出资产阶级的保守性。在辛亥革命爆发后，江亢虎就曾经写过《致武昌革命军书论“兴汉灭满”事》一文，严厉批评革命军的行为。此后，他还谢绝了孙中山先生有意委托的联俄工作。“1926年7月，广东国民政府北伐后，江亢虎却解散了‘中国新社会民主党’。以江亢虎为代表的中国社会党还拒绝接受马克思主义，公开反共反苏。1925年，上海‘五卅惨案’发生后，江亢虎就曾把共产党领导的群众运动比作‘拳匪’。”[①]因此中国社会民主党在中国几种政治势力中没有可以联合的力量，导致其孤立无援，很难在中国有所发展。

再次，实践证明，民主社会主义在中国没有发展空间。纵观中国近现代史，1840年鸦片战争揭开了中国近代史的序幕，帝国主义国家发动的一次次侵略战争，签订的一个个丧权辱国的条约，使得具有几千年文明史的中国逐步陷入了半殖民地半封建社会的深渊，对于中国和中国人民来说，这段历史意味着巨大的灾难和耻辱，中国的有识之士不断探索解决中国问题的最佳道路和途径。农民阶级采取了太平天国运动和义和团运动的革命方式，由于没有科学理论的指导，以失败而告终；资产阶级改良派采取洋务运动、戊戌变法等温和的自上而下的改革方式，但是遭到了统治阶级残暴的镇压，使戊戌六君子喋血菜市口，谭嗣同留下了“有心杀贼，无力回

①《中国无政府主义与中国社会党》，江苏人民出版社，1981，第246页。

天”的千古遗憾；资产阶级革命派代表人孙中山领导的辛亥革命，历尽曲折、屡战屡败，再次证明了资本主义道路在中国近代历史条件下行不通。列宁领导的俄国十月革命胜利后，极大地鼓舞了世界无产阶级和殖民地人民争取解放斗争的勇气和意志，中国人民也备受鼓舞，在俄国十月革命胜利中看到了希望和曙光，接受了马克思列宁主义这一科学理论，并在这一理论的指导下建立了中国共产党。中国共产党肩负起了历史重担，结合中国的国情与中国革命和建设实践，中国共产党具体问题具体分析，成功实现了马克思主义的中国化，产生了适合中国国情的指导理论——中国特色社会主义理论。

中国共产党成立九十多年来，紧密依靠和团结人民，立足于中国的基本国情，把马克思主义的基本原理同中国实际和时代特征相结合，独立自主探索社会主义道路，历经艰辛，付出了艰苦卓绝的努力，带领中国人民探索出中国特色社会主义道路，形成了中国特色社会主义理论，取得了社会主义现代化建设和改革开放的巨大胜利，开创和发展了中国特色社会主义，从根本上改变了中国人民和中华民族的命运，实现了世界社会主义发展史上的壮举。

以毛泽东为核心的党的第一代中央领导集体带领中国人民完成了新民主主义革命，进行了社会主义改造，在全国范围内基本确立了社会主义基本制度，经历了无数的挫折与失败，最终成功完成了中国历史上最深刻的社会变革，为当代中国的发展奠定了根本政治基础和制度基础；以邓小平为核心的党的第二代中央领导集体带领全国人民在新的历史条件下，顺应时代发展的需要，进行改革开放。邓小平在党的十二大开幕词中说：“把马克思主义的普遍真理同我国的具体实际结合起来，走自己的道路，建设有中国特色的社会主义，这就是我们总结长期历史经验得出的基本结论。”[1]确立了党在社会主义初级阶段的基本路线，形成了社会主义现代化建设的理论、路线、方针、政策、纲领、目标，成功地开辟了中国特色社会主义道路，创立了邓小平理论，也是在这个时期，第一次比较系统地回答了在中国这样的经济文化比较落后的国家如何建设社会主义、如何巩固和发展社会主义等一系列问题，奠定了中国特色社会主义理论体系的基础。

十八大报告明确提出：中国特色社会主义道路是在中国共产党的领导下，立足基本国情，以经济建设为中心，坚持四项基本原则，坚持改革开放，解放和发展社会生产力，建设社会主义市场经济、社会主义民主政治、社会主义先进文化、社会主义和谐社会、社会主义生态文明，促进人的全面发展，逐步实现全体人民共同富裕，建设富强民主文明和谐的社会主义现代化国家。中国特色社会主义理论体系，就是包括邓小平理论、“三个代表”重要思想、科学发展观在内的科学理论体系，是对马克思列宁主义、毛泽东思想的坚持和发展。“中国特色社会主义制度，就是人民代表大会制度的根本政治制度，中国共产党领导的多党合作和政治协商制度、民族区域自治制度以及基层群众自治制度等基本政治制度，中国特色社会主义法律体系，公有制为主体、多种所有制经济共同发展的基本经济制度，以及建立在这些制度基础上的经济体制、政治体制、文化体制、社会体制等各项具体制度。中国特色社会主义道路是实现途径，中国特色社会主义理论体系是行动指南，中国特色社会主义制度是根本保障，三者统一于中国特色社会主义伟大实践。”[2]党的十九大报告则提出：“中国特

---

①《邓小平文选》（第三卷），人民出版社，1993，第3页。

②胡锦涛：《坚定不移沿着中国特色社会主义道路前进　为全面建成小康社会而奋斗——在中国共产党第十八次全国代表大会上的报告》，人民出版社，2012，第12-13页。

色社会主义道路是实现社会主义现代化、创造人民美好生活的必由之路，中国特色社会主义理论体系是指导党和人民实现中华民族伟大复兴的正确理论，中国特色社会主义制度是当代中国发展进步的根本制度保障，中国特色社会主义文化是激励全党全国各族人民奋勇前进的强大精神力量。全党要更加自觉地增强道路自信、理论自信、制度自信、文化自信，既不走封闭僵化的老路，也不走改旗易帜的邪路，保持政治定力，坚持实干兴邦，始终坚持和发展中国特色社会主义。”①高举中国特色社会主义理论伟大旗帜，坚定不移地走中国特色社会主义道路是中国人民的必然选择。

从前面对民主社会主义的研究和评价中可以看出，中国如果选择民主社会主义，就必然导致中国放弃自从改革开放以来始终强调并且一贯坚持的四项基本原则，最终的结局就是全盘西化、资本主义化。邓小平一再强调：“中国只能走社会主义道路，……中国根据自己的经验不可能走资本主义道路。”②有些人可能认为，选择民主社会主义似乎比全盘西化要好，其实不然。“在中国搞民主社会主义恰恰是直接通向全盘西化的桥梁，自由主义与民主社会主义二者有异曲同工之处，均通达资本主义。无论是否出于真诚和善良的愿望，其结果都是一样的。中国改革开放40年所取得的伟大建设成就有力地证明，高举中国特色社会主义理论伟大旗帜，沿着中国特色社会主义道路走下去，我们的国家、我们的人民、中华民族就会有辉煌的未来和光明前途。”③

---

①习近平：《决胜全面建成小康社会　夺取新时代中国特色社会主义伟大胜利——在中国共产党第十九次全国代表大会上的报告》，人民出版社，2017，第16-17页。

②《邓小平文选》（第三卷），人民出版社，1993，第207页。

③贾中海，李娟：《民主社会主义的价值体系：原旨、批判与选择》，《政治学研究》2011年第4期。

三、中国特色社会主义与新自由资本主义制度

新自由主义是20世纪70年代末80年代初以来，在继承资产阶级古典自由主义经济理论基础上，适应国家垄断资本主义向国际金融垄断资本主义转变，以反对和抵制凯恩斯主义为主要特征的理论思潮、思想体系和政策主张，也是近年来在全世界产生深远影响的一种社会思潮。认清新自由主义资本主义制度与中国特色社会主义制度的本质差异，对深入贯彻落实党的十九大精神、决胜全面建成小康社会、夺取新时代中国特色社会主义伟大胜利、实现中华民族伟大复兴的中国梦具有重要的现实意义。

（一）新自由主义的基本内涵解析

新自由主义思潮来源于西方发达资本主义国家，它经历了从古典自由主义、现代自由主义到当代新自由主义的发展和变形。20世纪90年代以来，经过所谓“华盛顿共识”后被推及世界。它以个人主义为理论基础，在经济上主张市场万能、彻底私有化、全球自由化和福利个人化，在政治上反对社会主义制度，鼓吹多党制。具体分析包含如下几层内涵：

第一，在价值观上推崇“个人主义”。新自由主义的哲学基础是个人主义。它认为，个人权利尤其是个人的自由权利是神圣不可侵犯的。每一个社会成员的个人偏好、利益诉求都应该受到尊重和保护，不能在众多个人利益诉求之间按照某一种标准分出孰优孰劣。每个人都有设定自身追求目标、采取措施实现目标的自由，这种自由是应该受到保护的。在新自由主义者看来，个人权利成为判断一切社会行为得失成败的尺度，个人利益成为解释一切历史事件的动因。在个人与社会的关系上，新自由主义认为个体的实在性决定个人优于社会，社会是由无数个体组成的，个体的性格

决定整个社会的性质。国家只是社会的一部分，国家和社会同样是由单个有生命的个人组成的，国家和社会没有特殊的额外的权利。所以，个人优先于国家和社会，个人、社会和国家之间具有明晰的权利边界，社会和国家不能以任何借口越界侵犯个人的权利。由此，新自由主义主张在经济领域要尽量运用自发力量，尽量避免外在强制，让个体在自由竞争中实现经济的良性发展。总之，个人主义哲学是新自由主义的理论基础，正是从个人自由出发，新自由主义提出了自己的一系列理论观点和政策主张。

第二，经济上推行“三化”，反对公有制。新自由主义在经济上主张自由化、私有化和市场化的“三化”政策。新自由主义者认为，自由是效率的前提，“若要让社会裹足不前，最有效的办法莫过于给所有的人都强加一个统一标准”①。新自由主义认为经济自由最重要，是经济效率和社会财富的前提，是其他一切自由的基础。其代表人物哈耶克就公然宣称，体现个人自由的私人企业制度和自由市场机制是最好的制度。在新自由主义者看来，私有制是人们“能够以个人的身份来决定我们要做的事情”②，认为私有制能够更大限度地调动生产资料所有者的积极性，认为私有制比公有制更有效率。彻底私有化是新自由主义的一贯主张。新自由主义认为只有在私有制条件下，个人拥有生产资料所有权，市场主体的自主性、积极性和创造性才能得到保证，个人在经济利益的驱动下，根据市场需求自主决定生产销售等经济活动。新自由主义认为，私有制的存在不仅使每个人都获得了发财致富的机会，而且体现了资本主义宣扬的自由与平等。私有制不仅保证了个人追求经济利益的高效率，同时，私有制在市

①［英］弗·奥·哈耶克：《自由宪章》，杨玉生等译，中国社会科学出版社，2012，第75—76页。

②［英］弗·奥·哈耶克：《通往奴役之路》，王明毅等译，中国社会科学出版社，1997，第101页。

场这只“看不见的手”的调解下，能自动实现资本主义经济的均衡发展，使得资本能够在不同所有者之间流动，工人能够自由选择不同的老板，整个社会的失业率可以低于自然失业率。总之，在新自由主义者眼里，私有制不仅是自由资本家发家致富和工人平等就业的保证，而且是资本主义经济协调发展运行的所有制基础。新自由主义者强烈反对公有制，认为公有制导致产权不明确和不可转让，会造成经济运行效率低下、浪费惊人和腐败频出。在政治上，他们甚至认为生产资料公有制会导致社会成员丧失宝贵的自由，掌握生产资料的独裁者会将社会大众推向受控制、受奴役的悲惨境地。

第三，政治上实施所谓“民主”，反对社会主义政治制度，在政治上主张维护私有制和资本主义制度。新自由主义是资本主义的理论形态，也是资本主义的政治纲领。新自由主义极力维护私有制和资本主义制度，反对公有制和社会主义制度。新自由主义者认为，社会主义制度是国家通过掌握生产资料，运用计划组织生产，拥有了绝对的权力，就必然导致在政治上的集权主义，认为“集权主义思想的悲剧在于：它把理性推到至高无上的地位，却以毁灭理性而告终，因为它误解了理性生长所依据的那个过程”①。甚至将社会主义与封建主义、法西斯主义相提并论，统称为“集权主义”而加以抨击，新自由主义代表人哈耶克曾经明确提出：“社会主义显然是建立在一些错误的前提上”②，“遵循社会主义道德，将会使目前人类中的许多人遭到毁灭，使另外许多人陷入贫困”③。他们以此

① [英] 弗·奥·哈耶克：《通往奴役之路》，王明毅等译，中国社会科学出版社，1997，第157页。

② [英] 弗·奥·哈耶克：《致命的自负——社会主义的谬误》，冯克利等译，中国社会科学出版社，2000，第5页。

③ [英] 弗·奥·哈耶克：《致命的自负——社会主义的谬误》，冯克利等译，中国社会科学出版社，2000，第3页。

抨击、反对社会主义政治制度，宣扬西方宪政民主。他们将西方的政党制度、议会制度、选举制度等政治制度超历史化、普世化，将西方的主权在民、三权分立、人人平等的政治观念“意识形态化”，有意掩盖其资产阶级政治制度和政治思想的阶级性、历史性和意识形态性。

（二）新自由主义与中国特色社会主义的区别

新自由主义是建立在资本主义制度中的社会思潮，是一种公开为资本主义制度辩护的现代资产阶级右翼意识形态，是西方国际金融垄断资本推行全球战略的重要工具，它本质上属于资本主义制度范畴，与中国特色社会主义制度具有本质的区别。

第一，两者的经济制度不同。新自由主义在经济上主张自由化、私有化和市场化的“三化”政策。新自由主义的实践后果严重，随着苏联解体和东欧剧变，这些国家以“华盛顿共识”为经济转型指南，运用“休克疗法”，掀起了一场迅速、全面推行新自由主义的经济改革之路，这一“灵丹妙药”使苏联迅速瓦解，被俄罗斯人视为一场“俄罗斯的悲剧”。转型国家的新自由主义改革去除了国家对经济的宏观调控，特别是在中东国家加入欧盟时，作为交换条件将部分国家主权让渡出来。缺乏必要宏观调控的市场经济，由于本身存在的先天不足，在国际金融危机到来时，就显得更加手足无措，难以采取有效的政策来应对。中国特色社会主义坚持公有制为基础、多种所有制经济共同发展的基本经济制度，既重视政府对经济的宏观调控作用，又充分发挥市场对资源配置的决定性作用。

第二，两者体现的政治制度不同。新自由主义极力维护私有制和资本主义制度，中国特色社会主义则坚持公有制和社会主义制度。新自由主义维护私有制和资本主义制度，反对公有制和社会主义制度。他们认为公有制是产生独裁的根源，认为公有制不仅不能有效地提高效率，反而会给社会带来巨大的浪费。而中国特色社会主义制度中，公有制占主体，是中国特色社会主义的一项根本原则。邓小平指出："一个公有制占主体，一个共同富裕，这是我们所必须坚持的社会主义根本原则。"习近平强调指出："中国特色社会主义是社会主义而不是其他什么主义，科学社会主义基本原则不能丢，丢了就不是社会主义。""历史和现实都告诉我们，只有社会主义才能救中国，只有中国特色社会主义才能发展中国，这是历史的结论、人民的选择。"①

第三，两者在指导思想上不同。新自由主义在文化上反对马克思主义，中国特色社会主义坚持用发展着的马克思主义指导新的实践。西方发达国家极力宣传"马克思主义过时论"，攻击马克思和马克思主义。而中国特色社会主义制度坚持马克思主义在文化建设上的指导地位，"要毫不动摇地坚持马克思主义基本原理，紧密结合中国实际、时代特征、人民愿望，用发展着的马克思主义指导新的实践"②。党的十九大报告指出："必须坚持马克思主义，牢固树立共产主义远大理想和中国特色社会主义共同理想，培育和践行社会主义核心价值观，不断增强意识形态领域主导权和话语权。"③

改革开放40年的巨大成就以及应对国际金融危机的成功实践，充分证明中国特色社会主义制度具有巨大的优越性。当前，面对新自由主义思潮的传播和影响，我们尤其要保持清醒，增强坚持中国道路的自觉和自信，正确区分社会主义市场经济体制改革与新自由主义的本质不同，认清新自

①习近平：《习近平谈治国理政》，外文出版社，2014，第22页。

②习近平：《十七大以来重要文献选编》（下），中央文献出版社，2013，第564页。

③习近平：《决胜全面建成小康社会　夺取新时代中国特色社会主义伟大胜利——在中国共产党第十九次全国代表大会上的报告》，人民出版社，2017，第23页。

由主义的历史性、阶级性和局限性，自觉抵制、防范和排除新自由主义思潮的渗透和干扰。只要我们坚持以马克思主义为指导，坚持从我国国情出发，尊重历史传统，尊重科学发展规律，尊重和维护最广大人民群众的根本利益，就一定能坚定不移走好自己的路，实现中华民族伟大复兴。

第八章
中国特色社会主义制度的优势及发展趋势

党的十九大明确提出："中国特色社会主义进入了新时代，这是我国发展新的历史方位。"①中国特色社会主义是在改革开放40年的伟大实践中走出来的，是在中华人民共和国成立近70年的持续探索中走出来的，是在我们党领导人民进行伟大社会革命90多年的实践中走出来的，是在近代以来中华民族由衰到盛170多年的历史进程中走出来的，更是对中华文明5000多年的传承发展中走出来的。特别是在经历20世纪80年代末苏东剧变、2008年的国际金融危机、世界社会主义运动陷入低潮后，中国特色社会主义不仅没有倒下，反而在中国共产党的坚强领导下，通过全国各族人民励精图治，开辟了改革开放和现代化建设的新局面，以繁荣昌盛、兴旺发达的面貌创造了令世界高度关注的伟大成就。实践证明，"中国特色社会主义最本质的特征是中国共产党领导，中国特色社会主义制度的最大优势是中国共产党领导"，"中国特色社会主义制度是当代中国发展进步的根本制度保障，是具有鲜明中国特色、明显

①习近平：《决胜全面建成小康社会　夺取新时代中国特色社会主义伟大胜利——在中国共产党第十九次全国代表大会上的报告》，人民出版社，2017，第10页。

制度优势、强大自我完善能力的先进制度”，中国特色社会主义伟大实践彰显和发挥了中国特色社会主义制度的优势。

一、中国特色社会主义制度的优势

（一）中国特色社会主义制度的特点

习近平指出，“一个国家选择什么样的治理体系，是由这个国家的历史传统、文化传统、经济社会发展水平决定的，是由这个国家的人民决定的。我国今天的国家治理体系，是在我国历史传统、文化传统、经济社会发展的基础上长期发展，渐进改进、内生性演化的结果”[①]。中国特色社会主义制度的形成，同样具有这样的特征。

1. 受中国历史传统的影响，集中统一成为我国政治文化的显著特征

中国是有几千年传统的中央集权国家，在生产力发展上有治水、屯田等统一动员的需要。在政治体制上，自秦朝结束分封制，改行郡县制，统一度量衡，车同轨、书同文起，几千年来都沿袭着中央集权制度。无论从政治文化传统，还是民众心理习惯上，都习惯于接受和认同这种集中统一的国家历史特色和制度。中华民族自古以来就是多民族国家，历史上大多数时间表现为各民族相互融合，共同服从集中统一领导的。这与世界其他国家和地区民族间冲突不断有着本质的区别。正是这些因素，使社会主义制度在中国的建立，具有东方社会的特征，也为中

①习近平：《习近平谈治国理政》，外文出版社，2014，第105页。

国特色社会主义的形成和发展，以独特的风貌走向世界，奠定了深厚的历史基础。

2. 中国特色社会主义制度是马克思主义普遍真理同中国具体实践相结合的产物

马克思主义创始人设想的社会主义制度，首先是在西欧等发达资本主义国家建立，但在实践中却是在比较落后的俄国首先取得突破。俄国十月革命一声炮响，给中国送来了马克思列宁主义。中国革命的胜利，是马克思列宁主义同中国实际相结合的伟大成果。中国社会主义建设，也是在马克思主义中国化时代化大众化的过程中前进的。这就决定了中国特色社会主义，既坚持了马克思主义的基本原理和科学社会主义的基本原则，又带有中国实际的突出特点，丰富和发展了马克思主义理论，也拓展了落后国家走向现代化的道路。

3. 改革开放是决定中国特色社会主义命运的关键抉择，使中国发生了翻天覆地的变化，推动中国特色社会主义进入新时代

中国特色社会主义在革命、建设中取得伟大胜利，为中国的发展进步奠定了牢固的政治基础和物质保障。20世纪80年代末90年代初苏东剧变发生，世界社会主义面临险峻局势，我们在这个时候仍然坚持和发展社会主义，毅然推进改革开放和现代化建设。经过40年艰难奋斗，中国经济总量已跃居世界第二位，综合国力空前提升，国防实力大大增强，扶贫脱困目标接近实现，人民生活得到根本改善。下一目标就是实现社会主义现代化，实现中华民族的伟大复兴。实践证明，我们坚持中国特色社会主义道路和制度，坚持改革开放是完全正确的。中华民族伟大复兴的目标也只有在坚持和完善中国特色社会主义制度的前提下，不断推进改革开放才能实现。

（二）中国特色社会主义政治制度的优势

习近平深刻指出，“怎样治理社会主义社会这样全新的社会，在以往的世界社会主义中没有解决得很好。马克思、恩格斯没有遇到全面治理一个社会主义国家的实践，他们关于未来社会的原理很多是预测性的；列宁在俄国十月革命后不久就过世了，没来得及深入探索这个问题；苏联在这个问题上进行了探索，取得了一些实践经验，但也犯下了严重错误，没有很好解决这个问题。我们党在全国执政以后，不断探索这个问题，虽然发生了严重曲折，但在国家治理体系和治理能力上积累了丰富经验、取得了重大成果，改革开放以来的进展尤为显著”①。中国共产党领导下建立和完善的人民代表大会制度和多党合作与政治协商制度，既与苏联的政治制度有明显区别，也与西方轮流坐庄的选举政治有显著差异，具有鲜明的特色和优势。

1. 中国共产党的高度组织性，是代表整体利益的力量，能保证全国的集中统一领导，能集中力量办大事

任何制度都需要组织，而组织是否紧密完备，则决定了制度能否稳固和有效率。中国在封建社会末期贫困落后，犹如一盘散沙，屡遭外国列强侵略。新中国成立后，中国共产党立即凭借在革命时期所形成的严密组织，建立起了党领导和支持人民当家作主的全国性政权。历史证明，从严治党，保持党的先进性和高度组织性，则国家制度的作用就强。美国学者福山在新著《政治秩序的起源》中承认，没有放之世界皆正确的政治制度。成功的政治体系需要三要素：国家能力（或国家建构）、法治和问责民主。国家能力指国防、征税、政府机构架构、维持社会秩序、提供公共

①习近平：《习近平谈治国理政》，外文出版社，2014，第91页。

服务能力。一个成功的政治模式就是国家能力、法治和民主三者之间的平衡。由中国共产党组织起来的政治制度最大的优点就是国家能力强，能保证统一领导，执行力强，对危机处理敏锐快捷。像汶川地震的救助，尼泊尔、利比亚撤侨行动等，这些以人民为中心的重大行动西方国家是根本做不到的。我们对经济、社会等重大政策的贯彻执行，同样雷厉风行，其他国家也是办不到的。这正是社会主义制度优越性的集中体现。

2. 我国政治制度执行力强，行政效率高，是有监督和协商的社会主义新型民主

政治制度设置的基本矛盾是民主与效率。西方所谓多党民主，相互攻讦扯皮，办事效率很低。而我国由于党的集中统一领导，执行力强，所以办事效率很高，这是我国政治制度的突出优点。这种高效的制度并不像西方攻击我们所说的那样没有民主，而是充分体现了具有中国特色社会主义的选举与监督、协商相统一的新型民主。这种民主制度比西方民主更健全和更有效。西方以权力分立、相互制衡来达到资产阶级的民主，但存在多党制、反对党相互制衡等问题，由于异体政党的相互制衡，耗费政治行政资源，甚至发生冲突，政权不断更迭，国家很难达成同一政体的持续一致的领导。这种多元民主往往损害的是社会的团结一致，造成社会分裂。而我国社会主义民主是同一国体、政体下不同方面的监督，以监督防止违宪违法、失职失误，既保证了民主又有效率。协商民主更是我国政治制度的创造和优势，它区别于西方单纯的选举民主，而是选举和协商并行，既民主又避免异体排斥对抗。在统一国体政体下，我国政治制度没有反对党，执政党同参政党之间的政治协商，避免了西方那种多党投票，反对党相互排斥，难以达成一致的无力状况，中国特色社会主义政治制度更有利于统一意见的贯彻执行。

3. 集中统一领导，执行力强，政治制度具有稳定性和连续性

中国经历了几千年延续不断的文明发展，稳定持续的文明进步不仅为中华民族确保了牢固统一的疆土，更重要的是锻造了中华民族特有的生活方式和思维方式，为政治稳定和社会进步提供了重要基础。正是在这种历史传统的基础上，经过社会主义革命和建设，在中国共产党集中统一领导下，中国特色社会主义制度得以建立和巩固，中国走出了落后国家首先现代化的新道路。制度的连续和稳定是中国特色社会主义的显著特点和优势。资本主义制度的“三权分立”制度，导致了制度实施的复杂性和行政效率的下降，出现利益集团与整体利益之间的冲突与矛盾，很多制度出现短期化、功利化的倾向。我国由中国共产党进行统一集中领导，领导集体具有稳定性，领导的新老交替也有稳定性。中国共产党作为执政党，代表全国各族人民的根本利益，长期执政，能够从中国人民的长远利益和根本利益出发，摆脱短期利益的牵绊，制定出符合国家发展的长远规划，并为之坚持不懈地奋斗，实现全社会、全民族利益的最大化。实行民主集中制度，能够广泛吸取广大人民群众的意见和建议，反映大多数人的利益，不断满足人民群众的利益诉求。

（三）中国特色社会主义经济制度的优越性

列宁说过，社会主义就是要创造比资本主义更高的劳动生产率。新中国成立后，依靠社会主义制度，在十余年时间里，我们就推动了生产力的大发展，基本实现工业化，为后来的发展进步奠定了稳固的物质基础。改革开放以来，我国改变高度集中的计划经济体制，逐步建立和完善社会主义市场经济体制，使经济发展跃居世界前列，日益显示出中国特色社会主义经济制度的优势和特点。

1. 在保持公有制经济占主体地位的前提下，将市场作用和政府作用结合起来

习近平指出，政府和市场的关系是我国经济体制改革的核心问题。市场配置资源是最有效率的形式，市场经济本质上是市场决定资源配置的经济。同时，我国实行的是社会主义市场经济体制，仍要坚持发挥我国社会主义制度的优越性，发挥党和政府的积极作用。习近平进一步强调："市场在资源配置中起决定性作用，并不是起全部作用。"①

在我国的市场经济体制中，与公有制占主体地位的经济关系相适应，政府的作用主要是发挥科学宏观调控，有效政府治理，保持宏观经济稳定，加强和优化公共服务，保障公平竞争，加强市场监管，维护市场秩序，推动可持续发展，促进共同富裕，弥补市场失灵等。这种市场与政府，"看不见的手"和"看得见的手"二者协同配合的市场经济制度，呈现了巨大的优越性。与德法的"莱茵模式"、英美"盎格鲁—撒克逊模式"相比，我国的社会主义市场经济体制更有效地促进了经济发展，使我们在短时间内就跨过了西方上百年痛苦而漫长的工业化和现代化历程。俄罗斯联邦共产党主席久加诺夫称赞说，实际上是"英明的手"推动了中国快速发展，确定最为重要的优先方向，平衡个人和社会的利益，造福于国家和人民。

2. 我国经济建设的根本目标和方向是实现最广大人民的根本利益

坚持和完善我国社会主义基本经济制度，归根结底要体现在促进发展成果更多更公平惠及全体人民上，体现在逐步实现全体人民共同富裕上。经过40年改革开放，全国各地区各领域已经有相当一部分人通过诚实劳动

①习近平：《习近平谈治国理政》，外文出版社，2014，第77页。

和合法经营先富起来了，广大劳动者和社会成员的物质文化生活得到了极大改善，但离达到共同富裕的目标仍有较大差距。党的十八大以来，以习近平为核心的党中央着眼于逐步实现全体人民共同富裕，适应坚持和完善我国社会主义基本经济制度的要求，大力坚持和完善社会主义基本分配制度，努力推动居民收入增长和经济增长同步、劳动报酬提高和劳动生产率提高同步；提出并贯彻新发展理念，作出有效的制度安排，使全体人民在共建共享发展中有更多获得感；建立健全体现效率、促进公平的收入分配体系，促进收入分配合理、社会公平正义、全体人民共同富裕，推进基本公共服务均等化，逐步缩小收入分配差距。党的十九大报告进一步明确了逐步实现共同富裕的阶段性目标：到2035年，全体人民共同富裕迈出坚实步伐；到21世纪中叶，全体人民共同富裕基本实现。

改革开放以来特别是党的十八大以来的经验说明，只有使发展成果更多更公平惠及全体人民，朝着共同富裕方向稳步前进，我国社会主义基本经济制度才能具有广泛的现实基础、深厚的群众基础，才能日益巩固和完善。

一要深刻认识到所有制关系决定分配关系。公有制为主体、多种所有制经济共同发展的所有制结构，决定了在分配制度上必须坚持按劳分配为主体、多种分配方式并存，把按劳分配和按生产要素分配结合起来。我国是社会主义国家，所有制结构必须适应生产力发展要求，坚持公有制为主体、多种所有制经济共同发展；分配形式也要适应生产力发展水平，坚持按劳分配为主体、多种分配方式并存。这是走中国特色社会主义道路、逐步实现全体人民共同富裕的坚实经济基础。正如习近平所强调的，实行公有制为主体、多种所有制经济共同发展的基本经济制度，是中国共产党确立的一项大政方针，必须毫不动摇巩固和发展公有制经济，毫不动摇鼓励、支持和引导非公有制经济发展。

二要深刻认识到坚持和完善基本经济制度，一个重要目标指向是逐步实现全体人民共同富裕。这就要坚持和完善基本分配制度，不断完善体制机制和政策措施，持续增加城乡居民收入，不断缩小收入分配差距。要贯彻落实中央精神，进一步完善初次分配机制，坚持按劳分配原则，完善按要素分配的体制机制，统筹好按劳分配与按要素分配；进一步完善再分配机制，加大再分配调节力度，增加低收入者收入，调节过高收入，取缔非法收入；加快推进基本公共服务均等化，提高公共服务水平，完善社会保障，不断缩小收入差距，逐步实现全体人民共同富裕。习近平在论述经济社会发展任务时反复讲，我们要随时随地倾听人民呼声，回应人民期待，保证人民平等参与、平等发展权利，维护社会公平正义，在学有所教、劳有所得、病有所医、老有所养、住有所居上持续取得新进展，不断实现好、维护好、发展好最广大人民根本利益，使发展成果更多更公平惠及全体人民，在经济社会不断发展基础上，朝共同富裕方向稳步前进。事实也是如此，仅去年我国就有1200万人脱贫，从2013年以来共有5500万人脱贫。未来几年的目标是彻底消除贫困现象。随着社会保障事业发展，医疗卫生服务水平不断提高，老年人退休保障覆盖范围不断扩大。2016年创造了1100万个新工作岗位。2017年中国经济增长达6.9%，超过大多数西方经济专家的预测。西方经济制度在工业革命阶段，富人和穷人之间的差距最大，而随着我国社会福利保障事业的发展，人民群众已分享财富，将最终走向共同富裕。

3. 我国坚持公有制为主体、多种所有制经济共同发展，坚持市场配置资源和政府调控相结合，能有效地避免危机与风险

西方资本主义由于私有制再加上新自由主义所倡导的放松管制、金融全球化等原因，一再爆发经济危机和金融海啸。特别是盲目照搬新自由主

义模式的转型国家，在危机方面上表现得特别突出。而我国建立了市场调节与政府作用相结合的社会主义市场经济，实行稳固又灵活的管理体制，能有效地抵御和应对危机。例如，2008 年爆发的国际金融危机，沉重地打击了资本主义国家的经济，引发了大规模裁员和失业。我国则成功地避免了经济衰退和社会震荡，始终保持了经济持续健康发展与社会和谐稳定。

中国特色社会主义是一项全新的、伟大的事业。无论是在人类社会发展史上，还是在世界社会主义发展史上都没有先例。在以习近平为核心的党中央坚强领导下，全党全国各族人民一定会夺取决胜全面建成小康社会、建设社会主义现代化强国的新胜利，中国特色社会主义制度一定会更加充分地显示出优越性和吸引力，中华民族一定会为世界和平和人类进步作出新的更大的贡献。

二、中国特色社会主义制度面临的挑战

党的十九大报告指出："中国特色社会主义制度是当代中国发展进步的根本制度保障。"[①] 制度对一个国家、一个民族的前途命运具有决定性作用。只有制度强起来，国家和民族才能强起来。中国特色社会主义制度是具有鲜明中国特色、明显制度优势、强大自我完善能力的先进制度，既体现了社会主义本质，又彰显了中国特色，是科学社会主义基本原则与中国实际相结合的产物，是中国共产党团结和带领全国各族人民历经磨难、艰苦奋斗、接力探索取得的制度成果。同时，我国作为一个仍处于社会主义

①习近平：《决胜全面建成小康社会　夺取新时代中国特色社会主义伟大胜利——在中国共产党第十九次全国代表大会上的报告》，人民出版社，2017，第17页。

初级阶段的发展中国家，在经济社会发展过程中，会随着社会发展的需要，不断提出新的制度要求。因此，如何认识新时代中国特色社会主义制度面临的挑战，如何进一步完善和发展中国特色社会主义制度，确保实现“两个一百年”奋斗目标和中华民族伟大复兴的中国梦，是我们面临的重要课题。

从国际看，当今世界科学技术进步日新月异，世界格局多极化和经济全球化日益凸显。从国内看，经济社会发展的新情况新问题不断涌现，市场经济体制所固有的缺陷及消极影响造成贫富差距加大，网络新媒体的蓬勃兴起导致负面舆论被随意放大等都成为中国特色社会主义制度面临的挑战。

（一）经济全球化的挑战

经济全球化对于任何一个国家来说，都是一把双刃剑，经济全球化既给经济社会发展带来了机遇，同时也带来了挑战。经济全球化是世界经济发展的必然结果，正如十九大报告所提到的，“我们生活的世界充满希望，也充满挑战。我们不能因现实复杂而放弃梦想，不能因理想遥远而放弃追求”[①]。

在经济全球化的背景下，发达国家仍然占主导地位的状态，发达国家经历了数百年的发展过程后，拥有了比较成熟的经济制度、比较完善的市场经济体制以及较为完备的宏观调控体系，这也必然导致“支撑经济全球化的制度、规则必然也是西方化的”[②]。同时，各地区经济社会发展状况极端不平衡，世界各国综合国力竞争日趋激烈，霸权主义和强权政治有所

①习近平：《决胜全面建成小康社会　夺取新时代中国特色社会主义伟大胜利——在中国共产党第十九次全国代表大会上的报告》，人民出版社，2017，第58页。

②雷达、于春海：《经济全球化影响的制度思考》，《世界经济》2000年第4期。

抬头并有了新的表现，各种局部冲突接连发生，发达国家利用西方化的国际规则体系或国际体制，最大限度地发挥其制度优势，推行对社会主义国家的“西化”“分化”的政治图谋，企图用西方的多党制和议会制取代共产党的领导地位，取代人民民主的国家制度，用资本主义私有制取代社会主义公有制，用资本主义意识形态取代社会主义意识形态，加紧分裂共产党及其民族和社会主义国家。我国仍然处于社会主义初级阶段，与发达国家相比还有很大差距，中国特色社会主义制度建立的时间还不长，还存在很多不如人意的地方，比如某些制度缺失，某些制度体系不完善，某些制度运行机制还不健全、不规范，这些问题还需要在社会主义实践中逐步完善和发展起来，不可能一蹴而就。习近平强调：“经济全球化深入发展，把世界各国利益和命运更加紧密地联系在一起，形成了你中有我、我中有你的利益共同体。很多问题不再局限于一国内部，很多挑战也不再是一国之力所能应对，全球性挑战需要各国通力合作来应对。”[①]因此，尽管我们建立了中国特色社会主义制度，但是由于上述问题的存在，在经济全球化的进程中，中国特色社会主义制度仍将面对挑战。

（二）市场经济的局限性和消极影响

市场经济是一种经济体系，具有自发性、平等性、竞争性、开放性和盲目性等特点，局限性主要表现在自发性和盲目性，往往会引发恶性竞争、短期行为和道德缺失。市场经济与社会主义相结合，体现了社会主义制度的特征。市场经济是商品经济发展到一定阶段的产物，正如马克思在《共产党宣言》中所指出的，“资产阶级在它的不到一百年的阶级

①习近平：《推动全球治理体制更加公正更加合理为我国发展和世界和平创造有利条件》，《人民日报》2015年10月14日。

统治中所创造的生产力，比过去一切时代创造的全部生产力还要多、还要大。”[①] 市场经济作为一种经济体系，在价值规律自发调节社会资源配置和社会的生产运行、市场经济通过价值规律促进生产力发展的同时，也具有一定的弊端和局限性，主要表现在市场经济的自发性和盲目性上。比如：市场经济往往会引发恶性竞争、短期行为和道德缺失，在西方资本主义社会中，每隔一段时间就会爆发世界范围的大规模的经济危机，这就是一个很好的例证。市场经济与社会主义相结合，体现了社会主义制度的优越性，如何充分发挥好政府的宏观调控作用在一定程度上决定着社会主义市场经济优越性的体现。党的十一届三中全会以后，随着我国经济体制改革的不断深化，我国逐步建立社会主义市场经济体制，这是对马克思主义经济理论的创新和发展，使我国改革开放和社会主义现代化事业进入了新的发展阶段。党的十九大报告提出，“实现‘两个一百年’奋斗目标，实现中华民族伟大复兴的中国梦，不断提高人民生活水平，必须坚定不移把发展作为党执政兴国的第一要务，坚持解放和发展社会生产力，坚持社会主义市场经济改革方向，推动经济持续健康发展”[②]。市场经济给中国特色社会主义制度带来了积极影响的同时，也带来了消极影响。由于市场经济的逐利性激起了人们对于经济利益的盲目追求，导致一部分人从个人利益出发，做出形式各样的违规行为，导致了一些危害人民生命健康的恶性事件的接连发生，假冒伪劣商品的出现，蔬菜农药超标，毒大米、毒奶粉等事件频频被曝光，还出现不当准入限制、部门保护主义和地方保护主义等现象，这些问题和现象的出现也对中国特色社会主义制度的完善和发展

①《马克思恩格斯选集》（第一卷），人民出版社，1995，第256页。

②习近平：《决胜全面建成小康社会　夺取新时代中国特色社会主义伟大胜利——在中国共产党第十九次全国代表大会上的报告》，人民出版社，2017，第30页。

提出了挑战。

（三）网络新媒体的兴起

“网络新媒体是继电视、广播和报纸等传统媒体之后，以互联网为平台的新兴媒体，包括网络电视、网络广播、交互式网络电视、手机电视等，是文字、符号、语音、音乐、图像、视频等各种形式混合在一起的媒体形式，是当前人民获取信息的重要渠道。”[①]我国的信息化建设发展迅速，为网络新兴媒体的兴起提供了强有力的技术支持，这对我国经济社会发展和人们的思想观念产生了广泛的影响。正如未来学家托夫勒所说：“从个人角度说，人们都在经受互相矛盾的、无关的、支离破碎形象的包围与刺激，不完整的、无形的‘瞬息即变’的形象在袭击我们，使我们的旧思想受到震动。”[②]在网络新媒体的影响下，人们有了充分的话语权和选择权，这虽然有利于形成民主政治环境，但是也会带来一些危害社会稳定和安全的问题。网络新媒体上的发泄言论严重影响了人们对党和政府的信任，这也对中国特色社会主义制度产生新的挑战。

三、中国特色社会主义制度的发展趋势

中国特色社会主义进入新时代，意味着近代以来久经磨难的中华民族迎来了从站起来、富起来到强起来的伟大飞跃。与此同时，中国特色社会主义制度也在不断完善和发展，在学习吸收、自我变革中实现自我完善和

①肖贵清等：《制度自信——中国特色社会主义制度研究》，高等教育出版社，2017，第389页。
②［美］阿尔温·托夫勒：《第三次浪潮》，朱志焱、潘淇译，三联书店，1983，第226页。

发展。

习近平指出，中国的改革是中国特色社会主义制度的自我完善和发展。改革与制度的关系包括两个方面：一是通过改革不断破除阻碍生产力发展的体制机制弊端，改革就是解放和发展生产力；二是通过改革建立适应生产力发展的新体制机制，改革也是中国社会主义制度的自我完善和发展。中国制度的强大自我变革能力、自我发展能力，源自于中国共产党人对体制机制改革的深刻认识、高度自觉和执着坚守。改革开放后，特别是党的十八大以来，中国发展取得的举世瞩目的成就证明，改革让中国大踏步赶上时代，让中国制度永不停滞、永不僵化、充满生机活力；改革能不断解放和发展生产力，有力推动社会发展进步；改革赋予中国以根本动力，使其在自我变革中不断发展完善。习近平多次强调，“我们必须以更大的政治勇气和智慧，不失时机地深化重要领域改革，必须坚定信心、凝聚共识、统筹谋划、协同推进”①。十九大报告明确提出：“我们党深刻认识到，实现中华民族伟大复兴，必须合乎时代潮流，顺应人民意愿，勇于改革开放，让党和人民的事业始终充满奋勇前进的强大动力。我们党团结带领人民进行改革开放新的伟大革命，破除阻碍国家和民族发展的一切思想和体制障碍，开辟了中国特色社会主义道路，使中国大踏步赶上时代。”②实践证明，根据客观实际的发展变化，对现有制度不断进行改革完善，已成为中国特色社会主义制度的鲜明特征，也是中国社会发展进步、由弱变强的制度优势所在。

---

①习近平：《关于〈中共中央关于全面深化改革若干重大问题的决定〉的说明》，《人民日报》2013年11月16日。

②习近平：《决胜全面建成小康社会　夺取新时代中国特色社会主义伟大胜利——在中国共产党第十九次全国代表大会上的报告》，人民出版社，2017，第14页。

（一）健全社会主义市场经济体制

在经济体制改革方面，重点是正确处理好政府与市场的关系，不断健全社会主义市场经济体制，逐步解决政府干预过多和监管不到位的问题，使市场在资源配置中起决定性作用，推动经济更有效率、更加公平、更可持续地发展，“实现产权有效激励、要素自由流动、价格反应灵活、竞争公平有序、企业优胜劣汰”[①]，更好地发挥政府的作用，不断提高政府的效率和效能，保障公平竞争，维护市场秩序，促进社会公平正义、共同富裕，弥补市场失灵，推动社会和谐稳定与可持续发展。

（二）大力发展混合所有制经济

混合所有制，是指由两种或两种以上的原生所有制结合而成的次生所有制，或者说是由公有制和私有制这两种基本所有制形式结合而成的一种新生的所有制。党的十八届三中全会通过的决定明确提出：“积极发展混合所有制经济。国有资本、集体资本、非公有资本等交叉持股、相互融合的混合所有制经济，是基本经济制度的重要实现形式。”[②]党的十九大报告明确提出：“深化国有企业改革，发展混合所有制经济，培育具有全球竞争力的世界一流企业。”[③]新时代，我们要不断深入对混合所有制经济的理解，要在规范的股份制基础上建立股东会、董事会和经营层相互制衡、相互协调的现代企业制度。要更加有效地整合各类资源，形成强有力

①习近平：《决胜全面建成小康社会　夺取新时代中国特色社会主义伟大胜利——在中国共产党第十九次全国代表大会上的报告》，人民出版社，2017，第33页。

②中共中央文献研究室编《十八大以来重要文献选编》（上），中央文献出版社，2014，第515页。

③习近平：《决胜全面建成小康社会　夺取新时代中国特色社会主义伟大胜利——在中国共产党第十九次全国代表大会上的报告》，人民出版社，2017，第33页。

的企业经营决策团队，培育出大批具有技术开发能力、国际竞争能力和成长性强的企业，这些企业是增强创新活力、实现产业升级的重要依托力量。通过发展混合所有制经济，国有企业用较少的资本控股较多的资本，有利于坚持公有制主体地位，发挥国有经济主导作用，不断增强国有经济活力、控制力、影响力；民营企业可以改善经营管理，建立现代企业制度，优化产品结构，激发发展活力，使企业获得长期发展动力。在取得经验基础上稳妥有序开展国有控股、混合所有制企业员工持股，有利于增强企业的凝聚力和竞争力。

（三）不断调整和完善现代产权制度，保护各类所有权主体权益

建立完善的现代产权制度是发展混合所有制经济的制度基础，只有建立健全归属清晰、权责明确、保护严格、流转畅通的现代产权制度，完善各项产权保护制度，清理和规范各项产权保护的法律法规，才能为发展混合所有制经济奠定制度基础。改革开放以来，我国涌现出许多有代表性的优秀工业企业，这些企业的发展成绩，充分展现了我国社会主义基本经济制度的强大生机活力。其中，既包括国有企业改革的成功案例，比如中联重科；也有集体所有制企业改革的成功案例，比如海尔集团；还有民营股份合作制企业成长为世界著名高科技公司的典型案例，比如华为公司。虽然这些成功的企业，在所有制方面各有不同，但我们也要关注到这些成功的案例有一个共同特征：这些企业的成功都得益于股权结构的不断调整和现代企业制度的不断完善，在产权清晰的基础上建立了规范的股份制和科学的公司治理结构。

通过发展混合所有制经济，不断调整和完善现代企业制度，我国私营企业在所有制关系、分配关系和劳动者关系上都发生了积极变化。在企业所有制关系上，不少企业通过实行员工持股制，形成了劳动者共同投资、

共同所有的所有制结构。在企业分配关系上，很多混合所有制企业实行按劳动、按员工对企业的贡献分配，并且这种分配形式在企业中占主体地位，这有利于促进企业员工共同富裕。在企业员工相互关系上，企业管理者和劳动者既有分工又有合作。他们既是劳动者，又在不同层次和不同程度上参与企业管理，其积极性、主动性和创造性都得到了发挥，很多企业正发展成为员工共商、共建、共享的利益共同体。

（四）坚持以公有制为主体、多种所有制经济共同发展的基本经济制度

坚持以公有制为主体、多种所有制经济共同发展的基本经济制度，是我国各族人民共享经济社会发展成果的经济制度保证，也是巩固党的执政地位、坚持我国社会主义制度的重要保证。促进发展成果更多更公平惠及全体人民，逐步实现全体人民共同富裕，既是我国经济发展的重要目标，也是坚持和完善我国社会主义基本经济制度的必然要求。我们党在开启改革开放征程之初就作出了一个重要决策，就是允许和支持一部分人、一部分地区通过诚实劳动和合法经营先富起来，鼓励先富起来的帮助未富起来的，以利于全体人民和各个地区逐步实现共同富裕。这就是通常所说的“先富带后富，最终实现共同富裕”。这是改革的重大举措，也是发展的重大方略，其目的和意义在于，在坚持公有制经济主体地位的前提下，发展个体、私营和其他非公有制经济，改变原来那种与现实生产力水平不相适应的单一公有制结构，从而冲破计划经济体制下在社会生产和分配中长期存在的严重平均主义束缚，调动劳动者的积极性，进一步解放生产力，加快经济发展步伐，为最终实现共同富裕奠定基础。实践证明，实行这一基本经济制度之后，全国上下和城乡两地，很快在生产上形成了以公有制经济为主体、公有制与非公有制经济共同发展的新局面，在分配上形成

了以按劳分配为主体、按劳分配与按要素分配相结合的多种分配方式并存的新局面。从此，多劳不多得、少劳不少得的“吃大锅饭”平均主义现象迅速消失，广大劳动者和社会成员的积极性、主动性、创造性被极大地调动起来，我国经济持续呈现充满生机活力的快速发展局面。可以说，不断解放和发展社会生产力，逐步实现全体人民共同富裕，是实行公有制为主体、多种所有制经济共同发展的基本经济制度要实现的两个重要目标。

经过40年改革开放，我国经济总量已上升为世界第二位，经济实力、科技实力、国防实力、综合国力进入世界前列，人民生活水平大幅度提高，创造了人类历史上前所未有的发展奇迹。40年来，公有制经济和非公有制经济都得到长足发展，公有制企业和非公有制企业中的广大劳动者和经营管理人员都对我国改革发展作出了巨大贡献。公有制经济主体地位不断得到巩固，国有经济主导作用得到充分发挥，国有企业持续做强做优做大；非公有制经济健康发展，活力和创造力不断提高；公有制经济、非公有制经济相辅相成、相得益彰。事实证明，在我国社会主义初级阶段，实行公有制为主体、多种所有制经济共同发展的基本经济制度是适应生产力发展和经济社会全面进步要求的，是完全正确的，必须不断完善、长期坚持。

（五）注重引导中小企业加大研发投入力度

目前，我国民营企业 90% 以上是中小企业。当前，世界新一轮科技革命和产业变革正在兴起，许多中小企业充分发挥创新能力强、机制灵活、市场嗅觉敏锐的优势，紧紧依靠技术创新，主动对接国际先进技术，在市场比较低迷的情况下，仍显示出较强的生机和活力。尤其是在 2018 年 4 月中美贸易摩擦中，美国商务部宣布，7 年禁止本国企业向中国电信设备制造商中兴通讯出售任何电子技术或通讯元件。这一事件引发我们的深入思考，美国作出的出口禁运这一举措，触碰到了中国通信产业缺乏核心技术缺乏的痛点。核心技术的问题，再次严峻地摆在了我们面前。正如《纽约时报》所说，美国的真正考量是要遏制中国制造业升级，拖慢“中国制造 2025”这一强国战略。技术壁垒也使得我们认识到，对于中国的高科技发展我们既不能盲目悲观，也不能盲目乐观。我们必须要激发理性自强的心态与能力，自力更生、艰苦奋斗，注重引导中小企业加大研发投入力度，真正掌握核心技术，真正做到痛定思痛，加快推进互联网和信息产业政策完善和科技体制改革，产生更强的改革紧迫感，凝聚起更大的改革力量。

（六）注重走转型优化升级之路

当前，我国经济已由高速增长阶段转向高质量发展阶段，正处在转变发展方式、优化经济结构、转换增长动力的攻关期。在这种情况下，传统企业要实现持续健康发展，必须把握顺应发展大势，结合自身所处的行业发展实际和企业自身实际，走转型优化升级之路。

要按照十九大精神，推动民营企业中的传统产业大力开展技术创新和技术改造，向价值链高端提升；推进工业化信息化融合，提升智能制造水平；注重质量品牌建设，提升制造品质和企业竞争力；通过投资项目转移产能和合作，利用技术、管理、产品等优势进军海外，获取更大发展空间和优势。充分发挥市场在资源配置中的决定性作用，营造公平竞争的市场环境，实现产业转型升级的驱动力量转变为“市场—政策”双驱动。要抓住“一带一路”建设契机，一方面，依托经济带、城市群建设，以产业区位的新的空间效应换取“产业—生态”之间的协调效应；另一方面，发挥独特的资源禀赋优势，有效地将其转化为生态脆弱区经济社会全面推进的动力要素。以补扶弱，健全生态补偿机制，支撑重点产业发展。西部地区具有多样性的生态环境系统，对其生态环境实施有效的保护和修复，可以为地区的可持续发展提供良好的自然基础和环境条件。生态脆弱区要不断强化自然资源有偿使用制度与生态补偿制度，实施税费、转移支付等形式的自然资源有偿使用，按照谁开发谁保护、谁受益谁补偿的原则，进一步完善水、土地、矿产、森林等各种资源税费政策及征收管理办法，积极探索市场化生态补偿模式。同时，生态补偿应重点向符合产业转型升级要求的重点产业倾斜，形成产业发展和生态建设的良性互动机制。构建绿色产业发展体系，走产业生态化之路。以绿色发展为主线，推动一二三产业的深度融合，构建起绿色现代农业体系、工业体系、服务业体系，全面推行资源节约、循环发展、生产清洁、低碳高效的绿色生产方式。

（七）推动形成全面开放新格局

党的十九大把习近平新时代中国特色社会主义思想确立为我们党的指导思想，实现了党的指导思想又一次与时俱进。习近平总书记着眼国际国内形势新变化，不断推动对外开放理论和实践创新，形成了科学完备的对外开放思想理论体系，这是习近平新时代中国特色社会主义思想的重要组成部分，也是我们推动形成全面开放新格局的科学指引和基本遵循。

党的十九大报告明确提出要“推动形成全面开放新格局。开放带来进步，封闭必然落后。中国开放的大门不会关闭，只会越开越大。要以‘一带一路’建设为重点，坚持“引进来”和“走出去”并重，遵循共商共建共享原则，加强创新能力开放合作，形成陆海内外联动、东西双向互济的开放格局”①。十九大报告突出强调要以“一带一路”建设为重点，“一

①习近平：《决胜全面建成小康社会　夺取新时代中国特色社会主义伟大胜利——在中国共产党第十九次全国代表大会上的报告》，人民出版社，2017，第34—35页。

带一路”建设是我国在新的历史条件下实行全方位对外开放的重大举措、推行互利共赢的重要平台。近年来，我国“一带一路”建设已经从设计理念转化为具体行动，从目标愿景转变为工作现实，取得丰硕的建设成果，在对外开放的范围、层次、思想观念、结构布局、体制机制上进一步拓展。

拓展对外贸易,强调培育贸易新业态新模式。十九大报告还提出要“拓展对外贸易，培育贸易新业态新模式，推进贸易强国建设。实行高水平的贸易和投资自由化便利化政策，全面实行准入前国民待遇加负面清单管理制度,大幅度放宽市场准入,扩大服务业对外开放,保护外商投资合法权益。凡是在我国境内注册的企业，都要一视同仁、平等对待”[①]。经过改革开放40年的发展，我国货物出口规模全球领先，服务贸易规模位居全球第二，已成为名副其实的贸易大国。新时代我们要坚持创新引领，大力支持跨境电商、市场采购贸易、外贸综合服务企业加快成长，鼓励更多优势服务贸易出口，促进服务贸易创新发展，支持创新型、创业型和劳动密集型中小企业发展，不断激发外贸增长的新动力，实现外贸发展由大到强。

坚持“引进来”和“走出去”并重。“引进来”和“走出去”是推进双向开放的重要载体。目前，我国已成为双向投资大国。既要鼓励有实力的企业“走出去”，更要充分认识外商投资在推进供给侧结构性改革、实现经济向更高形态发展中的重要作用，努力通过进一步扩大市场开放、优化营商环境、强化外商权益保护等途径，增强我国的国际引资竞争力，吸引更多优质的外国投资者参与我国建设。

创新对外投资方式。十九大报告明确提出要“创新对外投资方式，促

---

①习近平：《决胜全面建成小康社会　夺取新时代中国特色社会主义伟大胜利——在中国共产党第十九次全国代表大会上的报告》，人民出版社，2017，第35页。

进国际产能合作，形成面向全球的贸易、投融资、生产、服务网络，加快培育国际经济合作和竞争新优势”[①]。近年来，我国对外投资较快发展，已跃升为全球第二大对外投资国。新时代我们要牢牢坚持“走出去”服务实体经济的大方向，鼓励更多企业创新对外投资合作方式，主动对接国际高端要素，积极构建有利于整合全球资源的价值链、供应链、物流链，增强统筹国际国内两个市场、两种资源的能力，做强做大我国市场主体。

优化区域开放布局。十九大报告明确提出要“优化区域开放布局，加大西部开放力度。赋予自由贸易试验区更大改革自主权，探索建设自由贸易港”[②]。一直以来，相对于东部沿海地区等开放高地，我国广大西部地区大多为开放洼地。我们要坚持以开放促开发的思路，推动完善西部口岸、跨境运输等开放基础设施，建设好国家级经济技术开发区、边境经济合作区、跨境经济合作区等区域开放平台。实施更加灵活的政策，促进产业向中西部梯度转移，积极推动打造新的开放增长极，赋予自贸试验区更大改革自主权，探索建设自由贸易港。积极参与全球经济治理，坚定不移地推进全球贸易投资自由化便利化，提出更多中国方案、中国倡议。

（八）积极稳妥推进政治体制改革

在政治体制改革方面，重点是坚持党的领导、人民当家作主、依法治国的有机统一。十九大报告明确指出“要长期坚持、不断发展我国社会主义民主政治，积极稳妥推进政治体制改革，推进社会主义民主政治制度化、规范化、程序化，保证人民依法通过各种途径和形式管理国家事务，

①习近平：《决胜全面建成小康社会　夺取新时代中国特色社会主义伟大胜利——在中国共产党第十九次全国代表大会上的报告》，人民出版社，2017，第35页。

②习近平：《决胜全面建成小康社会　夺取新时代中国特色社会主义伟大胜利——在中国共产党第十九次全国代表大会上的报告》，人民出版社，2017，第35页。

管理经济文化事业，管理社会事务，巩固和发展生动活泼、安定团结的政治局面”[①]。政治体制改革关系着党和国家的工作全局与发展方向，关系着广大人民群众的根本利益。坚持党的领导、人民当家作主、依法治国的有机统一。要切实加强人民当家作主的制度保障，健全人大组织制度和工作制度，更好地发挥人民代表的作用。发挥社会主义协商民主的重要作用，推动协商民主广泛、多层、制度化发展，“加强协商民主制度建设，形成完整的制度程序与参与实践，保证人民在日常政治生活中有广泛持续深入参与的权利”[②]。

（九）深化文化体制改革

在文化体制改革方面，重点是牢牢掌握意识形态工作领导权，培育和践行社会主义核心价值观，加强思想道德建设，建设社会主义文化强国，推动社会主义文化大发展大繁荣。加强互联网内容建设，建立网络综合治理体系，落实意识形态工作责任制，加强阵地建设和管理，推进诚信建设和志愿服务制度化，强化社会责任意识、规则意识、奉献意识。要深化文化体制改革，完善文化管理体制，加快构建把社会效益放在首位、社会效益和经济效益相统一的体制机制。

（十）推进社会体制改革

在社会体制改革方面，重点是要更好地保障和改善民生，促进社会公平正义。党的十九大报告指出：“全党必须牢记，为什么人的问题，是

①习近平：《决胜全面建成小康社会　夺取新时代中国特色社会主义伟大胜利——在中国共产党第十九次全国代表大会上的报告》，人民出版社，2017，第36页。

②习近平：《决胜全面建成小康社会　夺取新时代中国特色社会主义伟大胜利——在中国共产党第十九次全国代表大会上的报告》，人民出版社，2017，第38页。

检验一个政党、一个政权性质的试金石。带领人民创造美好生活，是我们党始终不渝的奋斗目标。必须始终把人民利益摆在至高无上的地位，让改革发展成果更多更公平惠及全体人民，朝着实现全体人民共同富裕不断迈进。”“坚持人人尽责、人人享有，坚守底线、突出重点、完善制度、引导预期，完善公共服务体系，保障群众基本生活，不断满足人民日益增长的美好生活需要，不断促进社会公平正义，形成有效的社会治理、良好的社会秩序，使人民获得感、幸福感、安全感更加充实、更有保障、更可持续”。①这一战略部署，体现了党全心全意为人民服务的根本宗旨，体现了党坚持立党为公、执政为民的本质要求，体现了社会主义现代化建设的根本目的。

（十一）深化生态文明体制改革

在生态文明体制改革方面，重点是加快建立生态文明制度，促进人与自然和谐发展。党的十八届三中全会对深化生态体制改革作出了重点部署，提出要“加快生态文明制度建设……实行最严格的源头保护制度、损害赔偿制度、责任追究制度，完善环境治理和生态修复制度，用制度保护生态环境。”通过“健全自然资源资产产权制度和用途管制制度”“划定生态保护红线”“实行资源有偿使用制度和生态补偿制度”“改革生态环境保护管理体制”等措施②，推进生态文明建设的制度化和法治化。党的十九大报告进一步提出：“加快建立绿色生产和消费的法律制度和政策导向，建立健全绿色低碳循环发展的经济体系。构建市场导向的绿色技术创

①习近平：《决胜全面建成小康社会　夺取新时代中国特色社会主义伟大胜利——在中国共产党第十九次全国代表大会上的报告》，人民出版社，2017，第44—45页。

②《中共中央关于全面深化改革若干重大问题的决定》，人民出版社，2013，第52—54页。

新体系，发展绿色金融，壮大节能环保产业、清洁生产产业、清洁能源产业。”[①]

实践证明，只有全面深化改革，才能化解矛盾、解决问题，才能“加快发展社会主义市场经济、民主政治、先进文化、和谐社会、生态文明，让一切劳动、知识、技术、管理、资本的活力竞相迸发，让一切创造社会财富的源泉充分涌流，让发展成果更公平惠及全体人民”[②]，才能广泛凝聚共识，形成改革合力，推动中国特色社会主义制度自我完善和发展。在全面深化改革的征途上，有力推动中国特色社会主义制度的自我完善和发展，推进国家治理体系和治理能力现代化，提高中国制度的规范化科学化水平，形成更加成熟更加稳定的制度体系，更好发挥中国制度的优越性，为党和国家事业发展、人民幸福安康、社会和谐稳定、国家长治久安提供坚强稳固的制度保障，为全面建成社会主义现代化强国保驾护航。

①习近平：《决胜全面建成小康社会　夺取新时代中国特色社会主义伟大胜利——在中国共产党第十九次全国代表大会上的报告》，人民出版社，2017，第50—51页。

②《中共中央关于全面深化改革若干重大问题的决定》，人民出版社，2013，第3页。

参考文献

一、图书

［1］马克思恩格斯选集：第1–4卷［M］. 北京：人民出版社，1995.

［2］马克思恩格斯全集：第19卷［M］. 北京：人民出版社，1963.

［3］马克思恩格斯全集：第22卷［M］. 北京：人民出版社，1965.

［4］马克思恩格斯全集：第25卷［M］. 北京：人民出版社，1974.

［5］马克思恩格斯全集：第39卷［M］. 北京：人民出版社，1974.

［6］马克思恩格斯列宁斯大林论政治和政治制度：上［M］. 北京：群众出版社，1983.

［7］列宁选集：第3–4卷［M］. 北京：人民出版社，1995.

［8］毛泽东选集：第2–4卷［M］. 北京：人民出版社，1991.

［9］毛泽东文集：第5卷［M］. 北京：人民出版社，1996.

［10］毛泽东文集：第6–8卷［M］. 北京：人民出版社，1999.

［11］毛泽东著作选读：下［M］. 北京：人民出版社，1986.

［12］毛泽东著作专题摘编［M］. 北京：中央文献出版社，2003.

［13］建国以来毛泽东文稿：第1，6册［M］. 北京：中央文献出版社，1992.

［14］邓小平文选：第2卷［M］. 北京：人民出版社，1994.

［15］邓小平文选：第3卷［M］. 北京：人民出版社，1993.

［16］邓小平思想年谱（一九七五——一九九七）［M］. 北京：中央

文献出版社，1998.

［17］刘少奇选集：上卷［M］. 北京：人民出版社，1981.

［18］胡锦涛. 在庆祝中国共产党成立90周年大会上的讲话［M］. 北京：人民出版社，2011.

［19］胡锦涛. 坚定不移沿着中国特色社会主义道路前进　为全面建成小康社会而奋斗——在中国共产党第十八次全国代表大会上的报告［M］. 北京：人民出版社，2012.

［20］习近平. 习近平谈治国理政［M］. 北京：外文出版社，2014.

［21］习近平. 习近平谈治国理政：第2卷［M］. 北京：外文出版社，2017.

［22］习近平. 决胜全面建成小康社会　夺取新时代中国特色社会主义伟大胜利——在中国共产党第十九次全国代表大会上的报告［M］. 北京：人民出版社，2017.

［23］建国以来重要文献选编：第1册［M］. 北京：中央文献出版社，1992.

［24］建国以来重要文献选编：第5册［M］. 北京：中央文献出版社，1993.

［25］三中全会以来重要文献选编：上［M］. 北京：中央文献出版社，1982.

［26］十三大以来重要文献选编：上［M］. 北京：中央文献出版社，2011.

［27］十五大以来重要文献选编：上［M］. 北京：中央文献出版社，2000.

［28］十五大以来重要文献选编：中［M］. 北京：中央文献出版

社，2001.

［29］十六大以来重要文献选编：上［M］．北京：中央文献出版社，2005.

［30］十七大以来重要文献选编：上，下［M］．北京：中央文献出版社，2009.

［31］十八大以来重要文献选编：上，下［M］．北京：中央文献出版社，2014.

［32］改革开放三十年重要文献选编：上［M］．北京：中央文献出版社，2008.

［33］中共中央关于全面深化改革若干重大问题的决定［M］．北京：人民出版社，2013.

［34］中国共产党第十八次全国代表大会文件汇编［M］．北京：人民出版社，2012.

［35］中国人民政治协商会议全国委员会办公厅．中国人民政治协商会议第十二届全国委员会第四次会议文件［M］．北京：人民出版社，2016.

［36］论学习贯彻习近平总书记“1·5”重要讲话［M］．北京：人民出版社，2018.

［37］民族工作文献选编［M］．北京：中央文献出版社，2003.

［38］马克思主义社会形态理论视域中的中国特色社会主义制度研究［M］．北京：中国社会科学出版社，2015.

［39］中国无政府主义和中国社会党［M］．南京：江苏人民出版社，1981.

［40］薄一波．若干重大决策与事件的回顾：上卷［M］．北京：中

共中央党校出版社，1991.

［41］《胡乔木传》编写组. 胡乔木谈中共党史［M］. 北京：人民出版社，2015.

［42］肖贵清. 制度自信——中国特色社会主义制度研究［M］. 北京：高等教育出版社，2017.

［43］杨光斌. 政治变迁中的国家与制度［M］. 北京：中央编译出版社，2010.

［44］郑必坚. 思考的历程：关于中国和平发展道路的由来、根据、内涵和前景［M］. 北京：中共中央党校出版社，2006.

［45］徐大同. 西方政治思想史：第 3 卷［M］. 天津：天津人民出版社，2005.

［46］张翼飞. 资本主义、共产主义与社会主义——一个社会思想史的视角［M］. 北京：社会科学文献出版社，2015.

［47］于幼军. 社会主义五百年丛书：第1–3卷［M］. 广州：广东教育出版社，2011.

［48］胡绳. 中国共产党的七十年［M］. 北京：中央党史出版社，1991.

［49］郑永年. 中国模式：经验与挑战［M］. 北京：中信出版社，2016.

［50］李建国. 中国模式之争［M］. 北京：中国社会科学出版社，2013.

［51］黄克剑. 人韵——一种对马克思的读解［M］. 北京：东方出版社，1996.

［52］雷骥. 现代思想政治教育的人性基础研究［M］. 北京：人民

出版社，2008.

［53］侯树栋，等．党和国家关注的十四个重大课题［M］．北京：人民出版社，2004.

［54］逄先知，金冲及．毛泽东传（1949—1976）：上［M］．北京：中央文献出版社，2003.

［55］刘国凯．历史潮流——社会民主主义［M］．香港：明镜出版社，2000.

［56］林建华，董泉增．当代西欧社会民主党论纲［M］．北京：中国工人出版社，1995.

［57］［美］阿尔温·托夫勒．第三次浪潮［M］．朱志焱，潘淇，译．北京：三联书店，1983.

［58］［德］勃兰特，等．社会民主与未来［M］．丁冬红，白伟，译．重庆：重庆出版社，1990.

［59］［英］弗·奥·哈耶克．通往奴役之路［M］．王明毅，等，译．北京：中国社会科学出版社，1997.

［60］［英］弗·奥·哈耶克．致命的自负：社会主义的谬误［M］．冯克利，等，译．北京：中国社会科学出版社，2000.

［61］［英］弗·奥·哈耶克．自由宪章［M］．杨玉生，等，译．北京：中国社会科学出版社，2012.

二、期刊

［1］黄晓波．中国特色社会主义制度：构成、特点与完善［J］．马克思主义研究，2011（9）.

［2］周新城．中国特色社会主义：理论渊源和历史渊源：上［J］.

中共石家庄市委党校学报，2013（4）.

［3］彭明. 马克思主义在中国的历史命运［J］. 百年潮，2001（7）.

［4］孟艳，谷亚红. 论中国特色社会主义制度的理论渊源［J］. 科学社会主义，2014（5）：25–26.

［5］杨勇民. 论中国特色社会主义的实践、理论、制度和价值形态的内在联系［J］. 探索，2013（2）.

［6］王瑜. 中国特色社会主义制度建设的理论坐标与原则尺度［J］. 求实，2013（1）.

［7］王金福. 为"回到马克思"再辩护［J］. 学术评论，2012（1）.

［8］宋萌荣. 人的全面发展与构建社会主义和谐社会［J］. 社会主义研究，2006（2）.

［9］李爱莉. 人的全面发展：社会主义的最高价值目标［J］. 南京政治学院学报，2001（6）.

［10］夏兴友，王玉周. 人的全面发展：社会主义价值目标的新境界［J］. 中国特色社会主义研究，2002（2）.

［11］朱炳元. 论"四个全面"的内在逻辑［J］. 长白学刊，2015（5）.

［12］徐俊峰. 中国社会主义模式的国际效应［J］. 中共郑州市委党校学报，2005（3）.

［13］肖贵清，刘玉芝. 中国特色社会主义制度体系的逻辑分析［J］. 马克思主义研究，2012（8）.

［14］叶汝贤. 每个人的自由发展是一切人的自由发展的条件——《共产党宣言》关于未来社会的核心命题［J］. 中国社会科学，2006

（3）.

［15］朱卫卿. 马克思主义的国家观及其当代启示［J］. 江西社会科学，2016（7）.

［16］关锋. 生产方式的政治解读与“政治马克思主义”——析伍德对历史唯物主义的“重建”［J］. 南京大学学报（哲学人文科学社会科学版），2016（4）.

［17］张宇. 关于中国特色社会主义政治经济学的若干问题［J］. 国家行政学院学报，2016（2）.

［18］李聪，徐艳玲. 中国特色社会主义制度自信来自于制度优势［J］. 理论月刊，2016（8）.

［19］杨承训. 社会主义质的规定性与中国特色社会主义基本经济制度［J］. 毛泽东邓小平理论研究，2016（6）.

［20］张慧玲. 从古共“七大”看古巴社会主义发展新动向［J］. 当代世界与社会主义，2016（4）.

［21］岳丽艳，王海传. 社会主义核心价值观的功能解剖［J］. 山东社会科学，2016（8）.

［22］刘西山. 以强烈的制度意识坚持和完善中国特色社会主义制度［J］. 学术论坛，2013（1）.

［23］杜建菊，王德礼. 马克思社会生产力学说的现代意义［J］. 求实，2013（7）.

［24］王瑜，赵海月. 论坚持和完善中国特色社会主义制度的动力源泉［J］. 学习，2013（6）.

［25］项国兰. 全球化与两种制度的未来交往［J］. 红旗文稿，2008（17）.

［26］张式谷．现代化与坚持社会主义制度［J］．科学社会主义，1995（4）．

［27］张明军，易承志．制度绩效：提升中国特色社会主义制度自信的核心要素［J］．当代世界与社会主义，2013（6）．

［28］邸乘光．中国共产党与中国特色社会主义制度［J］．湖南社会科学，2012（4）．

［29］张艳娥．马克思主义中国化与中国特色社会主义制度研究的范式建构［J］．社会主义研究，2013（3）．

［30］熊光清．中国特色社会主义制度的政治优势［J］．红旗文稿，2016（14）．

［31］史巍．社会主义核心价值观：铸魂育人有效落实的整体统筹［J］．社会科学战线，2016（6）．

［32］刘力波，马启民．论中华民族精神在马克思主义中国化进程中的文化基础地位［J］．天府新论，2008（4）．

［33］叶庆丰．坚持和完善中国特色社会主义制度——社会主义理论前沿问题（三）［J］．科学社会主义，2011（5）．

［34］［德］英格埃尔伯．黄文前，译．在马克思、马克思主义和种种马克思主义之间——马克思理论的几种解读方式［J］．马克思主义、列宁主义研究，2004（10）．

［35］谭培文．社会主义自由的张力与限制［J］．中国社会科学，2014（6）．

［36］田心铭．论马克思主义的理论自觉和理论自信［J］．马克思主义研究，2012（10）．

［37］杨耕．当前马克思主义研究中的五个重大问题［J］．南京大

学学报（哲学·人文科学·社会科学），2014（4）.

［38］刘同舫．西方马克思主义的理论性质与中国意义［J］．中国社会，2010（5）.

［39］周嘉昕．马克思的历史理论及其当代价值——以“资本主义生产方式”为核心的文本和思想考察［J］．苏州大学学报（哲学社会科学版），2016（1）.

［40］贾高建．以科学的态度对待马克思主义——兼论当代青年马克思主义理论教育［J］．中国青年社会科学，2016（5）.

［41］张文喜．论“回到马克思”的解释学张力［J］．社会科学战线，2004（4）.

［42］何萍．是“回到马克思”还是“走向马克思主义”——从罗莎卢森堡的哲学魅力谈起［J］．吉林大学学报（社会科学学报），2007（3）.

［43］包也鉴．全面推进依法治国与中国特色社会主义［J］．理论与改革，2015（1）.

［44］李仁国．中国特色社会主义制度下的协商民主［J］．唯实，2015（1）.

［45］刘玉芝．完善和发展中国特色社会主义制度的内在理论与实践逻辑［J］．当代世界与社会主义，2015（1）.

［46］梅景辉，叶昌友．中国特色社会主义协商民主学术研讨会综述［J］．政治学研究，2014（1）.

［47］胡乐明．总体性思维构建中国特色社会主义经济制度体系［J］．马克思主义研究，2014（1）.

［48］金民卿．全面深化改革必须牢牢坚持中国特色社会主义的正确

方向［J］. 马克思主义研究，2014（1）.

［49］张献，吴茜. 试论中国社会主义协商民主制度［J］. 政治学研究，2014（1）.

［50］胡剑. 习近平文化发展思想及其制度价值研究［J］. 广西社会科学，2015（4）.

［51］周望. 关于习近平治理现代化的制度思维探析［J］. 领导科学，2014（17）.

［52］周新城. 论中国特色社会主义的理论和历史渊源［J］. 北京交通大学学报（社会科学版），2013（4）.

［53］丁元竹. 当代中国社会体制的改革与创新［J］. 开放导报，2012（3）.

［54］李友梅. 关于社会体制基本问题的若干思考［J］. 探索与争鸣，2008（8）.

［55］黄宗良. 从原苏联模式到中国特色社会主义［J］. 中共党史研究，2010（7）.

［56］贾中海，李娟. 民主社会主义的价值体系：原旨、批判与选择［J］. 政治学研究，2011（4）.

［57］雷达，于春海. 经济全球化影响的制度思考［J］. 世界经济，2000（4）.

三、其他文献

［1］习近平. 毫不动摇坚持和发展中国特色社会主义在实践中不断有所发现有所创造有所前进［N］. 人民日报，2013-01-06.

［2］习近平. 关于《中共中央关于全面深化改革若干重大问题的决

定》的说明［N］. 人民日报，2013-11-16.

［3］习近平. 在中共中央政治局第十二次集体学习时强调建设社会主义文化强国着力提高国家文化软实力［N］. 人民日报，2014-1-1.

［4］习近平. 完善和发展中国特色社会主义制度，推进国家治理体系和治理能力现代化［N］. 人民日报，2014-02-18.

［5］习近平. 推动全球治理体制更加公正更加合理为我国发展和世界和平创造有利条件［N］. 人民日报，2015-10-14.

［6］习近平. 在省部级主要领导干部“学习习近平总书记重要讲话精神，迎接党的十九大”专题研讨班开班式上发表重要讲话［N］. 人民日报，2017-8-28.

［7］习近平. 在中国共产党第十九次全国代表大会上的报告［R］. 2017-10-18.

［8］李君如. 中国特色社会主义制度具有强大韧性［N］. 人民日报，2015-6-12.

［9］杨金海. 高效稳定和谐和平中国制度为活力释放提供广阔空间［N］. 人民日报，2015-7-31.

［10］顾昂然. 追寻新中国法制建设的脚步［N］. 法制日报，2004-9-2.

［11］王伟，郭福伟. 英国行政权力的法治约束［N］. 学习时报，2015-3-9.

［12］聂磊. 邓小平发展完善中国特色社会主义制度的理论贡献研究［D］. 东北林业大学，2014.